Karl Stankiewitz

Sieben Wochen
meines Lebens
war ich reich

Karl Stankiewitz

Sieben Wochen
meines Lebens
war ich reich

20 literarische Wanderungen
in Oberbayern

INHALT

Ludwig und Katinka Ganghofer
1883 in Berchtesgaden

Mit Poesie auf Wanderschaft

»Literatourismus«: Landschaften und Städte
lesend neu erleben

Der Tourismus hat die Literatur entdeckt – und umgekehrt. Texte verschmelzen mit Topographien, Landschaften oder Städte mit Biographien zum »Literatourismus« (in diesem kreativen Bereich sei die Wortschöpfung erlaubt). Und dieses scheinbar neuartige Produkt wird nun nach allen Regeln der Kunst vermarktet. Dabei ist die Symbiose gar nicht so neu. Viele Größen der deutschsprachigen Literatur waren unermüdliche und selbstredend besonders empfindsame Reisende und Wanderer, die ihre »Touren« oft bis ins Detail beschrieben haben und so zu frühen Schrittmachern des Fremdenverkehrs wurden.

Solche »Literatouristen« gab es in allen Epochen, unabhängig von den jeweiligen Grenz-, Verkehrs- und Sozialverhältnissen. In Personenregistern finden sie sich zwischen Abraham a Sancta Clara, dem wortgewaltigen Wanderprediger des Barock, und Zuckmayer, der sein »Paradies östlich von Salzburg« meist wandernd durchschritt. Wandernd ließen sich die Poeten anregen von den Wundern der Welt. Davon erzählen schon Vorklassiker wie Homer und Petrarca. Große Forschungsreisende, Humboldt voran, waren mit ihren Berichten gewissermaßen Wegbereiter des globalen Tourismus.

Welche Wegstrecken gar ein Goethe zurückgelegt hat, lässt sich aus seinem Werk erahnen; heute noch bedient sich das bayerische Bergsteigerradio seiner Maxime: »Willst du besser sein als wir, lieber Freund, so wandre.« Hölderlin wanderte zu Fuß von Tübingen nach Bordeaux und zurück. Jean Paul schrieb beim Wandern im Fichtelgebirge auf eine umgehängte Tafel. So wie Thomas Mann täglich, mit oder ohne Hund, in den Münchner Isarauen oder im Englischen Garten spazierte und notierte. Auch zeitgenössische Autoren wie Peter Handke sehen es als ihre »Pflicht, eine Landschaft zu verewigen«.

Die wandernden Poeten waren gleichsam Vor-Gänger der »literarischen Spaziergänger« von heute. Das sind Leute, die sich, mit oder ohne Führung und meist zu Fuß, »auf den Spuren« von Schriftstellern bewegen. Die »Spuren« – ein fast schon totgetrampelter, aber kaum vermeidbarer Begriff – ziehen sich in angemessener Vielfalt durch das Land der Dichter und Denker und angrenzende Landschaften. Immer wieder werden neue entdeckt und mehr oder weniger ausführlich touristisch aufbereitet.

Runde Gedenkjahre sind willkommene Anlässe für derlei Veranstaltungen. Massenweise wanderte man jüngst mit Annette von Droste-Hülshoff am Bodensee und durch Westfalen, mit Heine auf dem nach ihm benannten Weg auf den Brocken, mit Fontane immer wieder durch die Mark Brandenburg, mit Brecht durch Augsburg, München und Berlin, mit der dichtenden Kaiserin Elisabeth von Possenhofen bis Korfu. Das Jahr 1999, in dem Goethes 250. Geburtstag zu feiern war, trieb den jubilierenden Literatourismus auf die Spitze und bildungsbeflissene Wanderer insbesondere nach Thüringen, denn »wer den Dichter will verstehn / muß in Dichters Lande gehn«. Doch auch weniger bekannte Regionen und Urlaubsorte versuchen sich durch Literaturtage oder literarische Spurensuche aufzuwerten.

Vielerorts gehören »literarische Spaziergänge« längst zum organisierten Fremdenverkehr und Kulturbetrieb. Man geht Beschreibungen, manchmal auch Hinweistafeln nach oder lässt sich führen: mit Kafka und Werfel durch Prag, mit Stifter durch Oberösterreich, mit Ibsen durch das Südtiroler Wipptal, mit Dante durch die Toskana, mit Storm durch

Husum, mit Agatha Christie auf Nilkreuzfahrt, mit Oskar Maria Graf per Schiff über den Starnberger See.

Der vorliegende Band beschränkt sich auf Oberbayern, dessen Tourismusverband seit 1997 mit den heimischen »Malern & Poeten« wirbt. Er beschreibt Wandermöglichkeiten, die festgemacht sind an Wohnstätten, Arbeitsplätzen und Texten bekannter Schriftsteller. Dabei soll aber nicht nur durch jene Bilderbuchlandschaft geführt werden, von welcher Hugo von Hofmannsthal noch in der Ferne schwärmte: »Sehr lieb habe ich die Landschaft des südlichen Baierns, mit der Kette der Alpen am Rande…« Auch München und kleinere Städte sowie Kleinregionen (etwa das Glonner Hügelland und die Hallertau), die der Tourismus im meistbesuchten deutschen Ferienland noch nicht voll im Griff hat, sind mit Hilfe ortsbezogener Texte zu entdecken. Nur solche sind in den angefügten Literaturhinweisen genannt, freilich ohne Anspruch auf Vollständigkeit.

Das Buch will kein Wanderführer im klassischen Sinn sein, mit genauen Wegbeschreibungen, Zeitangaben, Zielvorschlägen. Es will dem, der »Dichters Land« begeht, gleichsam die dichterische Freiheit des Selbsterkundens lassen: beim Lesen und beim Wandern.

Danken möchte ich dem »literarischen Spaziergänger« Dirk Heißerer, der von München aus immer weiter ausgreift, der engagierten »Monacensia«-Betreuerin und Horváth-Spezialistin Elisabeth Tworek, Johannes Reichardt von der Akademischen Buchhandlung in München, der sich um Vergriffenes aus den folgenden Bücherhinweisen bemühen will, und meiner mitwandernden Schwägerin Alwine.

München, im Frühjahr 1999

Karl Stankiewitz

11

Ödön von Horváth mit seiner Mutter
Maria Hermine 1924 vor der Familienvilla in Murnau

»Schönster Punkt am Nordrand der Alpen«

Wie Murnau seinen Ödön von Horváth (1901–1938) für den Tourismus entdeckte

Bei den vielen Seen wurden wohl ganz zwangsläufig zuerst die Bewegungsarten auf dem Eis als Freizeitvergnügen entdeckt. Aber auch der Skilauf und das Rodeln wurden in Murnau früh geübt.« – Zitat aus einer neuen Chronik des Deutschen Alpenvereins zum Thema »Hundert Jahre Skibergsteigen«. Vor allem am Strandbad des zugefrorenen Staffelsees hatte der schon 1882 gegründete Schlittschuhclub sein Revier.

Früh übte sich hier auch, ab 1924, ein sportlich-eleganter, dem Alpenverein, aber nie einer Partei angehörender Diplomatensohn. Mit hintersinnigen »Sportmärchen« für seine Freundin Lizzy Seyd und mit Glossen im »Simplicissimus« schickte sich der 23-jährige Ödön von Horváth außerdem an, einer der erfolgreichsten deutschsprachigen Schriftsteller des 20. Jahrhunderts zu werden. Den Rohstoff dafür sammelte er, Bier trinkend und hinter der Zeitung notierend, in den damals noch zahlreichen Gasthöfen von Murnau und in der wahrhaft malerischen, daher längst zuvor von den Kunst-Revolutionären des »Blauen Reiter« entdeckten Umgebung. Der Eislaufplatz am Staffelsee zum Beispiel tauchte in dem Bühnenstück »Figaro läßt sich scheiden« auf, der Markt Murnau erschien als »Großhadersdorf« und dessen 3000 damaligen Einwohner standen Pate für das skandalträchtige Volksstück »Italienische Nacht« und für die Komödie »Zur schönen Aussicht«.

Und so lässt sich an diesem Ort ein gewichtiges Stück Literatur erwandern, an 14 Schauplätzen genau, die nicht weit voneinander entfernt liegen und von der Leiterin der Monacensia-Sammlung in München, Elisabeth Tworek, dokumentiert und übersichtlich kartiert wurden. Allerdings muss die gebürtige Murnauerin bei der Führung durch die Kleinstadt immer wieder feststellen: »Es ist schon deprimierend.« Denn die meisten der Stätten, die an Horváth erinnern, sind von Baggern weggeräumt und neu besiedelt worden. Überhaupt hat die Marktgemeinde ihren in der Weltliteratur durchaus bedeutenden Sohn – er hat 18 Bühnenstücke und drei Romane geschrieben – bis vor kurzem noch sehr stiefmütterlich behandelt.

Das hat natürlich seine Gründe. Dass der in Fiume geborene Ungar (»ich freue mich meiner Heimatlosigkeit, denn sie befreit mich von einer unnötigen Sentimentalität«) den »sogenannten schmucken Markt« und einige seiner Bürger in so vielen seiner (teils unveröffentlichten) Texte auf recht satirische Weise kenntlich gemacht hat, dass er die »bereits in Lederhosen geborenen« Gebirgsschützen, die er zum Gedächtnis an die Befreiung Murnaus vom Einfall der Tiroler im Jahre 1809 aufmarschieren sah, als »sonderbares Brauchtum« beschrieb, dass er die echten Nazis, die in seinem Stammlokal beim »Kirchmeir« eine Saalschlacht mit den Sozis anzettelten, 1931 sogar als Zeuge vor Gericht überführte, dass es ihm in der »erholsamen Stille« Murnaus manchmal zu eng wurde und er zeitweise eine billige Pension in Berlin vorzog, das alles war dem »Baron« sehr verargt worden. Nicht nur seinerzeit, als Murnau nachweislich eine Hochburg der NSDAP war, sondern auch noch in jüngster Zeit.

Dass so viele der Häuser verschwunden sind, in denen Horváth lebte, liebte, lauschte und schrieb, liegt nicht zuletzt an der strukturellen Veränderung des Ortes. 1930 noch in Meyers Reiseführer als Bade- und Höhenluftkurort sowie als Wintersportplatz gerühmt, hat der Voralpenort danach stark eingebüßt an touristischer Anziehungskraft. Die verlagerte sich mehr und mehr, besonders nach den Olympischen Winterspielen von 1936, in den 25 Kilometer entfernten Talkessel von Garmisch-Partenkirchen oder noch weiter südwärts. Die Grandhotels und Cafés verfielen, einige wurden nach dem Zweiten Weltkrieg ganz abgerissen. »Klein-Innsbruck«, wie es Reiseführer um die Jahrhundertwende nannten, war nicht mehr.

Seit einigen Jahren aber geht's wieder bergauf. Das neu und recht anspruchsvoll eingerichtete Museum im ehemaligen Schloss und insbesondere die Wander- und anderen Programme auf den – vergleichsweise gut erhaltenen – Spuren des »Blauen Reiter« haben einen gepflegten Kulturtourismus erblühen lassen. Dazu würde natürlich der verlorene Sohn passen. Tatsächlich hat der inzwischen pensionierte Verkehrsamtsleiter Fritz-Walter Schmidt versucht, bei den geführten Wanderungen zu Kandinsky, Münter, Marc & Co. auch den vergessenen Kleist-Preisträger und Emigranten einzubinden, wenn auch »fast nix mehr do is«. Eine schwierige, aber interessante Spurensuche also.

Da ist noch, fast unverändert, der Lokalbahnhof, von dem jetzt die »Ferienschiene« nach Bad Kohlgrub und Oberammergau abzweigt; auf dieser Strecke war 1921 ein schweres Unglück passiert, das Horváth im »Jüngsten Tag« verarbeitet hat. Geht man die Bahnhofstraße hinunter, stößt man bei Hausnummer 17 bis 19 auf einen Vielzweckbau mit Kurapotheke und »Römerbad«. Hier stand noch bis 1973 die Familienvilla der Horváths.

Nicht etwa die Gemeinde, sondern der jetzige Eigentümer hat immerhin eine Bronzetafel anbringen lassen zum Gedenken an den Schriftsteller, der sich in seinen Werken »gegen Ausbeutung, Selbstgerechtigkeit und Besitzdenken wandte«. Ein Wegerl dahinter führt seit Mitte der siebziger Jahre seinen Namen, was der damalige Gemeinderat mit

Ödön von Horváth,
selbst ein begeisterter Wanderer

einer Stimme Mehrheit beschlossen hat (Kandinsky erging es nicht besser).

Sogar noch bis 1980 stand nahebei das Hotel »Schönblick« (ehemals Hotel Pension »Zur schönen Aussicht«), wo die Familie Horváth zunächst nur ihre Sommerferien verbracht und Ödön später das Modell für sein Stück »Zur schönen Aussicht« gefunden hatte (darin, so der Autor, »richten sich in ihrem Gefühlsleben verirrte und ausschließlich auf den eigenen Vorteil bedachte Menschen gegenseitig zugrunde«). Eine schöne Aussicht genoss man einst von hier aus auch auf die Fürstalm am Dünaberg, der einmal ein Skigelände war und heute dicht bebaut ist. Sogar in Berlin noch träumte der Wahl-Murnauer von diesem »schönsten Punkt am nördlichen Rand der bayerischen Alpen, den man mit Kraftfahrzeugen erreichen kann«, und er schrieb seiner Freundin Lotte Faber: »Ich sehne mich nach der Fürst-Alm, um mit Dir Schach spielen zu können.«

Verschwunden auch Strandhotel und Strandcafé am Staffelsee, wo Horváth gerne Gäste und Personal beobachtet, Fasching gefeiert und all das in seinem literarischen Werk verarbeitet hat. Treffend und volkstümlich charakterisieren seine Personen den Umbruch der Zeit: »Früher, da war es an den Sonntagen das pure Vergnügen – und wenn mal in Gottes Namen gerauft worden ist, dann wegen irgendeinem Trumm Weib, aber doch schon gar niemals wegen dieser Scheißpolitik.« Zwei angeheiterte Burschen lässt der Dichter der »Italienischen Nacht« zum »Denkmal des ehemaligen Landesvaters« ziehen, der eine beschmiert es. Tatsächlich hoben Metzger, von Horváth angestachelt, den bayerischen Löwen vom Sockel; beide Objekte stehen heute aber wieder unversehrt vor dem neuen Kurgästehaus: Ludwig II. und der Löwe.

6000 Buben vom »Jungvolk« hatten im August 1934 ganz andere, nämlich vormilitärische Aktivitäten im nahe gelegenen HJ-Lager »Hochland« verrichten müssen. Horváth, der für kurze Zeit noch einmal nach Murnau zurückgekommen und in der Dachkammer einer benachbarten Familie untergeschlüpft war, verarbeitete diese Eindrücke in seinem Roman »Jugend ohne Gott«, der in einem Amsterdamer Exilverlag erschien und in Deutschland auf die Liste des »schädlichen Schrifttums« kam.

Irgendwo zwischen dem Dorf Aidling und dem Riegsee wären die Spuren von Lager und Literatur zu suchen. Im Rahmen der jüngsten Murnauer Horváth-Tage – sie sollen künftig regelmäßig auf hohem Niveau veranstaltet werden – gab es sogar eine Wanderung mit einem Zeitzeugen, neben Lesungen, Vorträgen, Ausstellungen und einer Aufführung der »Italienischen Nacht«.

Von den Häusern geblieben ist nur das Hotel »Post« aus der frühtouristischen Epoche jenes »mitteleuropäischen Dorfes, das dank seiner geographischen Lage einigen Fremdenverkehr hat« – so Horváth. Am 10. Februar 1933 hatte er dort in der Gaststube, die eines seiner Stammlokale war und heute ein Supermarkt ist, bei einer Radiorede Hitlers laut Lokalblatt »die Frechheit, die Nationalsozialisten anzupöbeln«. Er verschwand nach Salzburg, während die SA die elterliche Villa durchsuchte.

So wäre denn eine Wanderung auf den Spuren dieses Schriftstellers (der 1938 in Paris durch einen vom Sturm gebrochenen Ast erschlagen wurde) in und um Murnau ein zwar spannender, aber doch wenig anschaulicher Gang durch die Wirren der Zeit, hätte die Literaturwissenschaftlerin Tworek im Dachkammerl des Schlossmuseums nicht ein höchst sehenswertes Horváth-Kabinett eingerichtet: mit Briefen und anderen Dokumenten vorwiegend aus der Österreichischen Nationalbibliothek, mit alten Fotos, Zeitungen und politischen Bezügen, mit teilweisem Nachbau der verschwundenen Fürstalm und ihrer schönen Aussicht in die Berge, über die der Kleist-Preisträger Horváth in einem Brief getippt hatte:»Nirgends in ganz Oberbayern hat man solch einen instruktiven Überblick in eine typisch alpenländische Landschaft.«

Informationen:
Verkehrsamt, 82418 Murnau, Tel. 0 88 41/6 14 11, Fax –/34 91. Das Murnauer Schlossmuseum ist ganzjährig geöffnet, täglich außer montags von 10 bis 17 Uhr. Wanderungen »Auf den Spuren des Blauen Reiters« werden ab Mai angeboten.

Literaturhinweise:
Ödön von Horváth, Gesamtwerk in 14 Bänden (Suhrkamp); Elisabeth Tworek:»Dokumentarsammlung Horváth und Murnau 1924–1933« (erhältlich im Murnauer Schlossmuseum); ein weiterer Band mit neuen, lokal bezogenen Forschungsergebnissen Tworeks zu »Jugend ohne Gott« ist im Frühjahr 1999 erschienen (Suhrkamp).

Frieda von Bülow, Rainer Maria Rilke, August Endell
und Lou Andreas-Salomé (von links) 1897 in der
Wolfratshauser Laube

»... und bald wandern wir weiter«

Wolfratshausen: Wo Rainer Maria Rilke (1875–1926) einen Sommer lang »wirkte«

E ine Rose hat sie mitgebracht, legt sie nieder vor dem Haus am Hang. Roswitha Maria Gerwin verehrt Rainer Maria Rilke, der so oft von Rosen sang, seit Mädchentagen. Jetzt führt sie Fremde hin zu ihm, dorthin, wo der 22-jährige Dichter und seine 36-jährige »Gefährtin« Lou Andreas-Salomé – wie eine Inschrift verkündet – »einen Sommer lang lebten und wirkten«. Ein Poesiealbum voller kaum bekannter Gedichte, im Heimatmuseum von Wolfratshausen gefunden und abgeschrieben, hat Frau Gerwin dabei. Einige davon trägt sie unterwegs vor, einmal war auch eine Dame mit einer Querflöte mit auf der zweistündigen »Literatour«. Das Lutzhäuschen, benannt nach seinem Münchner Erbauer, ist in wenigen Minuten erreicht, wenn man zwischen Stadtpfarrkirche und Schererbräu die Treppchen zum Eichheimweg hochsteigt. Über und über mit Blumen behängt sind die Balkone des Hauses Nr. 10, im Garten blühen noch im Herbst hohe Dahlien neben Gartenzwergen und bunten Keramiken.

Rilke, aus Prag kommend, studierte damals in München Literatur- und Kunstgeschichte, nannte sich aber auch schon »Herausgeber« – seiner ersten gedruckten Gedichte mit dem Titel »Wegwarten«. Der Sommer der Leidenschaft dauerte genau vom 31. Mai (»Meine Seele ist maieneigen / wie der rufende Buchenwald«) bis zum 8. September 1897. »Ich war so fremd und so verlassen / daß ich nur tief in blütenblassen / Mainächten heimlich seelig war« – so ein Vers aus seiner Gedichtreihe »Advent«, die noch im selben Jahr erschien. Inzwischen war der Ehemann der Freundin in

Wolfratshausen aufgetaucht. Mit ihm zog die gebürtige Russin Lou, selbst eine produktive Schreiberin, zunächst nach Berlin um, und Rilke »folgte ihr wie ein Hündchen«, so seine Verehrerin Gerwin.

Folgen wir beider Spuren auf den Hängen der schönen, alten Stadt, die sich zwischen den Naturschutzgebieten von Isar und Loisach ausbreitet. Noch gleicht die Lutzvilla einer späteren Beschreibung von Lou. Der Herzensfreund, erinnerte sie ihn in einem Brief, habe immer die Fensterläden geschlossen, »um den Einblick Unberufener von der Straße her abzuwehren, so daß nur der ausgesparte Holzstern darin uns ein bißchen Tageslicht gönnte«. Noch sind die Sterne in den Läden zu erblicken. Und noch gibt es, hinten im Garten, die Holzlaube, von der Frau Gerwin eine Aufnahme gefunden hat. Die beiden Liebenden sind darauf zu sehen, außerdem die Novellistin und Ostafrika-Forscherin Frieda von Bülow und der Jugendstilkünstler August Endell. (1912 haben sich hier auch der englische Dichter David Herbert Lawrence und seine Freundin Frieda von Richthofen aufgehalten.) Vielleicht meinte Rilke diese Liebeslaube mit dem Vers:

> »Das Land ist licht und dunkel ist die Laube
> und du sprichst leise und ein Wunder naht
> Und jedes deiner Worte stellt mein Glaube
> als Betbild auf an meinem stillen Pfad.«

Wenn es sich die Kreisstadt Wolfratshausen leisten könnte, den Pfad, der links vom Lutzhaus weiter hinaufführt, nach Rilke zu benennen (nur ein kurzer Weg in einer Neubausiedlung trägt seinen Namen), dann wäre eine weitere Stätte seines »Wirkens« leichter zu finden. Auf einem bewaldeten Bergsporn entdecken wir aber nur einen Hinweis auf den heimischen Maler Neuhaus, welcher hier wirklich gewirkt hat (von ihm stammen beispielsweise die Wandbilder der

evangelischen Kirche, die leider übertüncht wurden).
Tatsächlich waren auch Lou und Rainer Maria, wie sie den
eigentlichen René umgetauft hatte, Ende Juli 1897 in ein
»Fahnensattlerhäuschen« umgezogen, und nur dieses fand
der Dichter eigener Erwähnung wert:

>»Ich wohnte einen Sommer lang am Hang
> der Platz ist schwer zu erspähn
> in einem Bauernhause
> in dem ich mich manchmal grause
> der Bauer geht so oft mähn.«

Das Pärchen schlief genau über dem Kuhstall. Nichts mehr
ist heute von dem Haus zu erspähen. »Und du lächelst da-
rauf so herrlich und heiter / und bald wandern wir weiter.«
Sie waren gewiss viel gewandert. Oft nach Dorfen, zu ihrem
Bauern und dessen Frau. Schon wegen der prächtigen
Barockaltäre in der Dorfener Kirche lohnt der Abstecher. Er
führt durch eine romantische Schlucht und durch herrlichen
Laubwald.

>»Leise ruft der Buchenwald
> winkt mit seinen jungen Zweigen
> weit hinaus ins Wiesenschweigen.
> Kommt mein blonder Liebling bald?«

Passende Texte hat Frau Gerwin allerorten zur Hand. Dieser
aber, am Waldrand, ist jüngeren Datums: »Flaschen, Tüten,
Packpapier – sind dem Walde keine Zier.« Unmarkiert zieht
sich zwischen Wald, Weide und Golfplatz ein Weg, an dem
sturmerprobte Sträucher gepflanzt wurden, gegen das West-
wetter schützend; sie sollen – hier wird behördlicher Hinweis fast poetisch – »die Wucht des Windes bremsen«. In
manche Baumrinden sind Namen und Herzen geritzt, der
Weg ist wohl nicht nur von dem Liebespaar des Jahres 1897
begangen worden. »Keine Haftung für Personen- und Sach-

schäden« – das bezieht sich auf fliegende Golfbälle. Und noch ein Spruch von einem unbekannten Dichter: »Manche mögen's frisch, andere alt, viele picken das nur, andere fressen es.« Die Rede ist von den Käfern im und am Holz, denn unser Weg ist mittlerweile in einen Waldlehrpfad übergegangen.

Ein gelbes Dreieck weist zurück nach Wolfratshausen. Die Kapellen des Kreuzweges sind mit südländischen Motiven frisch ausgemalt, die größere Andreaskapelle wurde von Vandalen verwüstet und wird nun mit Spendengeldern renoviert, die Kreuzigungsgruppe kann durch Neonlicht erhellt werden. Ein Gedenkstein gilt den beiden Förstern, die sich um den Wanderwegebau verdient gemacht haben.

Nichts aber erinnert in diesem Bergwald an die beiden Schriftsteller (auch Lou hat in Göttingen 20 Bücher und etwa 150 Aufsätze hinterlassen). Erst die Freilichtbühne im Wald bietet unserer Literaturwanderführerin noch einmal die Gelegenheit, einen der 49 erhalten gebliebenen Liebesbriefe in Gedichtform (ebenso viele sollen, weil zu intim, von wem auch immer verbrannt worden sein) zu rezitieren:

> »Lösch mir die Augen:
> ich kann Dich sehn.
> Wirf mir die Ohren zu:
> ich kann Dich hören.
> Und ohne Fuß noch kann
> ich zu Dir gehn.
> Und ohne Mund noch kann
> ich Dich beschwören…«

Die Liebe erlosch erst vier Jahre später und ging in eine lebenslange Freundschaft über. Ohne seine 14 Jahre ältere Muse, deren Namen er am 29. Dezember 1926 noch in der Todesstunde beschwor, fiel der Dichter immer wieder in Depressionen. Er wollte sich von ihr sogar therapieren lassen, denn sie war, einst Freuds beste Schülerin, auch eine bedeutende Psychoanalytikerin geworden. Sie aber lehnte jede Behandlung ab. »Sie wusste wohl«, meint Frau Gerwin, die eine Integrale Yogaschule leitet, »dass er dann jahrelang kein Wort mehr gedichtet hätte.« Wo immer in Europa der unstete Mann lebte und »wirkte«, nie verließ ihn die Erinnerung an »diese schimmernden Wolfratshauser Nächte«.

Informationen:
Gästeinformation Tölzer Land an Isar und Loisach, 83646 Bad Tölz, Tel. 0 80 41/7 86 70, Fax –/78 67 56.

Literaturhinweise:
Rainer Maria Rilke: »Werke Band 1« (Insel); Lou Andreas-Salomé: »Lebensrückblick« und »Briefwechsel mit R. M. Rilke«, beide herausgegeben von Ernst Pfeiffer (Insel Verlag).

Zutiefst mit seiner Heimat verbunden:
Oskar Maria Graf

König, Bäcker, Spekulanten

Literarische Wanderung durch die
»Oskar-Maria-Grafschaft« von Berg

In Starnberg stieg ich aus dem Münchner Zug, ging zum Landungssteg und fuhr mit dem Dampfschiff über den See. Die auseinanderfallenden Wellen am Bug schäumten weiß.« In Berg stieg er aus. Wir wollen ihm folgen, dem Oskar Maria Graf, der beim in den genannten Zeilen beschriebenen Besuch in seinem »ziemlich unberührt vom Zeitwandel gebliebenen« Heimatdorf – bald nach dem Ersten Weltkrieg – bereits einen »bescheidenen Ruf als Schriftsteller errungen« hatte.

Das etwas verrufene Fräulein Knecht hatte ihm, dem kleinen Bäckerbuben, der sich mit Freunden als »Dorfbandit« betätigt und die Streiche des kleinen Ludwig Thoma weit in den Schatten gestellt hatte, im Haus Nr. 15 in der Seestraße manchmal ein »Fuffzgerl« geschenkt. Nebenan wohnte der Fischer Lidl, der dabei war, als man den König Ludwig II. aus dem See zog, und der als »Schweigegeld« dieses heute noch ansehnliche Haus bekommen haben soll.

Steil steigt die Wittelsbacherstraße von den Seevillen und Bootshäusern aus hinauf ins Dorf, vorbei an Schloss Berg, wo der gemütskranke Monarch zuletzt interniert war. Noch immer ist es als Wittelsbacher Privatbesitz unzugänglich, noch immer wirkt es »wie ein verwunschenes Idyll aus längst gestorbenen Zeiten«. Vater Graf, ein aus dem Salzburgischen zugewanderter Protestant, durfte täglich Weißbrot und dünne Wecken liefern, »woach, aber net zach« (weich, aber nicht zäh), denn der König hatte schon im Alter von 27 Jahren miserable Zähne (Klaus Mann schildert ihn gar als »zahnlos«).

In der Dorfmitte dann, Grafstraße 9: das Geburtshaus, »stolz und breit und sehr augenfällig«. Eine kleine Tafel verweist auf den berühmten Bewohner; auch haben sich die wegen ihrer »Gschamigkeit« belächelten Dörfler, spät zwar, dazu durchgerungen, den vollen Namen des lange als »roter Oskar« Verfemten (den Zusatznamen Maria nahm er, frei nach dem verehrten Rilke, erst später an) auf einem Platzschild anzubringen.

Ein Partyservice im Haus offeriert belegte Platten, Sekt und Desserts, ein Immobilienhändler unter anderen Objekten eine Villa mit Seeblick und Park, 1688 Quadratmeter groß, für 3,9 Millionen Mark. Zur Zeit sind, so ein Starnberger Makler, »eine ganze Menge Villen auf dem Markt«, bis zu 15 Millionen DM werden gefordert. Ein Ausverkauf fast so wie damals: »Eine Unmasse Fremder und romantischer König-Ludwig-Verehrer« hatten Berg, wie Graf im »Leben meiner Mutter« berichtet, vor gut hundert Jahren »auf leichte Weise mehr als wohlhäbig« gemacht. »Nie geahnte Preise« hatten die Herrschaften seinerzeit für Wiesen am See bezahlt. Einer der Bauherren und Spekulanten war Oskars Onkel, der »Kastenjackl«. Das »Schlössl« des Pleitiers preist Dirk Heißerer, der literarische Wanderungen am Starnberger See organisiert, als eines der schönsten am ganzen Ostufer.

Graf war kein großer Wanderer. »Ich trinke meinen Morgenkaffee und rühre mich dann möglichst wenig vom Fleck«, schilderte er seinen Tagesbeginn 1931 in der »Literarischen Welt«. Die Selbstdarstellung ist erst kürzlich aus New York nach München in die »Monacensia« gelangt, mit anderen unbekannten Dokumenten und dem Schreibtisch des 1967 verstorbenen Emigranten, an dem zwei Bilder von Berg und zwei Porträts kleben – eines vom Märchenkönig, eines von Karl Marx.

Aber auf dem Schulweg muss sich der Knabe Oskar wohl doch täglich stark bewegt haben. Gehen wir mit ihm hinauf ins heutige Landschaftsschutzgebiet, auf dem von Linden umsäumten Kammweg, vorbei an der Annakapelle. Die hat die Schatzlbäuerin 1916 neu streichen lassen, weil ein Sohn im Krieg und einer schon gefallen war. »Von hier aus sah man über die hängenden Felder, hinunter nach Oberberg.« Das Panorama ist unverändert.

Die Schule von Aufkirchen, dem Pfarrdorf von Berg und elf anderen Orten, trägt jetzt doch den Namen des Dichters. Davor hat man ihm sogar ein Denkmal gesetzt, ein sinniges. In der Lederhose – die er 1958 bei einem Heimatbesuch zum Entsetzen der Honoratioren bei einer Lesung im Münchner Cuvilliés-Theater anlegte – hockt er auf einem Koffer und schaut über den See in Richtung Amerika, wohin es nicht nur ihn selbst, sondern einige seiner Vorfahren und auch drei seiner Geschwister verschlagen hat. Und auf dem Friedhof der tausendjährigen Wallfahrtskirche (mit einem Gnadenbild von 1636) ruhen neun Angehörige seiner Familie aus drei Generationen – nebst Fürsten, Grafen und Rittern.

Am Ortsende das Bauernhaus seiner Mutter, deren Leben er als Gleichnis für die Duldsamkeit des deutschen Menschen, als »ein wahres Monument der Pietät und Liebe« (Thomas Mann) in Mähren und in Amerika so ausführlich niedergeschrieben hat. Ein Holzschnitzwerk, das den von Flammen umzingelten Dichter zeigt, ist unter dem Dach zu entdecken. Der Bildhauer und Restaurator Joachim Böhm, der den Hof als heutiger Eigentümer in seiner Substanz erhalten hat, will damit an den Protest »Verbrennt mich!« erinnern, den Graf, von der Bücherverbrennung der Nazis zunächst verschont, am 10. Mai 1933 – bereits im Ausland – veröffentlicht hat.

Zurück empfiehlt sich der Abstieg nach Leoni (der Ort hat seinen Namen nicht etwa nach einer bayerischen Wurst, sondern nach einem italienischen Kammersänger und Gourmet-Restaurateur). Auch hier können Graf-Texte als

Wanderführer dienen. Verzichtet man auf den Abstecher zum viel besuchten, von der Stadt München aufgetürmten Bismarck-Denkmal (»Gewaltsam, drohend und unschön wirkte es in der friedvollen Landschaft«), dann kann man teils auf einem Kammweg, teils durch einen Hohlweg von der Rottmannshöhe auf den federnden Waldboden heruntersteigen. Er geht durch die Schneise einer 1898 gebauten, längst aufgelassenen Standseilbahn des Spekulanten Siegl (»Ich riech den Profit«, lässt ihn Graf sagen).

Auch das große Haus auf der Rottmannshöhe hat eine absonderliche Geschichte: Zu Grafs Zeit hat ein norddeutscher Arzt den einstigen Künstlersitz in ein Sanatorium für Nervenkranke umgebaut und eine teure Hungerdiät eingeführt, später betrieben Jesuiten dort Exerzitien, danach verfiel es, wurde zweimal Tatort von Sexualmorden und ist heute ein Heim für psychisch gestörte Kinder.

Unten am Seeufer angekommen, liegt die Schiffsstation Leni nahe, von Berg eine weitere halbe Gehstunde entfernt. Auf dieser ersten Etappe des auf der Landroute 128 Kilometer langen König-Ludwig-Weges passieren wir denn auch die Votivkapelle, die Prinzregent Luitpold für »weiland König Ludwig II.« im Schlosspark nach byzantinischem Muster erbauen ließ. »Ziemlich geschmacklos« fand sie der Dichter, der seine »Grafschaft« und deren Menschen wie kaum ein anderer gekannt, geliebt und beschrieben hat.

Informationen:
Tourismusverband Fünfseenland, Postfach 16 07, 82306 Starnberg, Tel. 0 81 51/9 06 00, Fax –/90 60 90; Oskar-Maria-Graf-Gesellschaft, im neuen Münchner Literaturhaus am Salvatorplatz; dort stößt man allerorten auf Sätze von Oskar Maria Graf, die von Jenny Holzer gestaltet wurden. Die vom Kulturreferat der Stadt München und der Oskar-Maria-Graf-Gesellschaft organisierte Ausstellung »Odyssee

eines Einzelgängers« wurde von den Goethe-Instituten weltweit gezeigt, u. a. in Prag, Brünn, Sofia, Wien, Manila, Singapur, Bogotá, Glasgow und Lille. Dirk Heißerer führt literarische Exkursionen ab Starnberg (telefonische Anmeldung unter 0 89/13 41 42).

Literaturhinweise:

Oskar Maria Graf: »Das Leben meiner Mutter« (dtv); Dirk Heißerer: »Wellen, Wind und Dorfbanditen« (Diederichs).

Der junge Brecht mit seiner Jugendliebe Paula Banholzer,
der Mutter seines ersten Sohnes Frank

Baals Badeplätze am Ammersee

Bertolt Brecht (1898–1956) in Utting:
»Sieben Wochen meines Lebens war ich reich«

Die »Alte Villa«, deren schattiger Jazz-Biergarten direkt am Ammersee jeden Sommersonntag gefüllt ist mit Gästen von weit her, werde wohl bald schließen müssen, wenn das in Ufernähe besonders heikle Parkplatzproblem nicht gelöst werde, unkt der Pächter. Am südlichen Ende des 3500-Seelen-Dorfes Utting, genau gegenüber dem ebenfalls viel besuchten Bierkloster Andechs, hat der Ausflugstourismus ein heiß debattiertes Problem geschaffen. Unweit des spitztürmigen, weiß und rot bemalten, also recht seltsamen Selzam-Schlösschens musste die Gemeinde im Sommer zwei der drei Badeplätze durch Hecken sperren. Am Westufer des drittgrößten bayerischen Sees, das immer noch etwas urwüchsiger geblieben ist als vielleicht jedes andere Uferstück im Starnberger Fünfseenland, haben sich in den letzten 30 Jahren die mit Schilf bewachsenen Wasserflächen von 84 auf neun Hektar verringert, wie Luftbildaufnahmen zeigen. Die Selbstreiningungskraft des Sees und einige Vogelarten aus der roten Liste sind daher gefährdet. Jetzt plant das Landratsamt in Landsberg am Lech Betretungsverbote auf weiteren sechs von rund 50 Uferkilometern. Das freut nun zwar die Naturschützer, hat aber rundum auch einige Unruhe hervorgerufen.

Es war einmal ein Paradies – noch könnten seine Reste gerettet werden. Mit dem Bähnle oder mit dem Fahrrad waren sie nach dem Ersten Weltkrieg nach Utting gefahren: ein gerade erst volljähriger, lebenshungriger Antibürger, Kraft- und Naturmensch, der sich und seinen ersten literarischen Geniestreich »Baal« nannte, mit seinen Freundinnen und Freunden. Aus dem »Dickicht der Stadt« Augsburg kommend, pirschten sie durch die damals noch dichten Dschungel des Ammerseeufers, kletterten durch das Seeholz, das heute Naturschutzgebiet ist, schwammen natürlich nackt oder lagen nur – »wie die Gewächse, worin Hechte hausen« – faul im sommerwarmen Wasser. Am besten, dichtete ihr Rottenführer, man hält's bis abends aus, »weil dann der bleiche Haifischhimmel kommt / bös und gefräßig über Fluß und Sträuchern / und alle Dinge sind, wie's ihnen frommt«. Einen Hai hat zwar noch keiner im Ammersee gesichtet, obwohl dieser zu den artenreichsten Gewässern Oberbayerns gehört. Das Haifischmotiv indes, das zum ersten Mal in dem Gedicht »Vom Schwimmen in Seen und Flüssen« angeklungen war, hat den Eugen Berthold Friedrich Brecht auch später noch beschäftigt. Und nie ist er ganz losgekommen vom Ammersee, der ihm Traumheimat blieb, als er längst schon »öfter die Grenzen als die Hemden wechselte«. Heimat wohl auch deshalb, weil die Leute am Westufer, obwohl Oberbayern, das gleiche Schwäbisch sprechen wie die Bewohner seiner Vaterstadt Augsburg.

»Ich will bei Dir ausruhen, am See«, hatte er Ende 1919 seiner Freundin Bi geschrieben, als sie ein Kind von ihm erwartete. In Utting traf sich das Pärchen noch einmal. Dann heiratete der unstete »Baal« eine andere, ließ sich scheiden, heiratete Helene Weigel und zog sich 1928 in eine Pension an der Uttinger Seestraße zurück, um die letzten Szenen der »Dreigroschenoper« zu überarbeiten und die Gründung eines »Bundes proletarisch-revolutionärer Schriftsteller« vorzubereiten. (Das Fachwerkhaus Nr. 10 steht noch, zwischen Rathaus und Schiffslandesteg.) Vier Jahre später kaufte der 34-jährige Möchtegern-Prolet, der längst ein besserverdienender Poet war, dem pensionierten Chef der bayerischen Landespolizei, Ritter von Reiss, sein Haus im Gries ab, um mit Frau, zwei Kindern, Mitarbeiterin und dem

Filmregisseur Slatan Dudow (mit dem er gerade »Kuhle Wampe« gedreht hatte) alsbald einzuziehen. Doch er konnte das Landleben nicht lange genießen. Nach dem Reichstagsbrand im Februar 1933 floh der verfemte Brecht, zunächst auf die dänische Insel Fünen, wo er über das Haus in Utting ein schwärmerisches Gedicht schrieb:

>»Sieben Wochen meines Lebens war ich reich
>Vom Ertrag eines Stückes erwarb ich
>Ein Haus in einem großen Garten. Ich hatte es
>Mehr Wochen betrachtet, als ich es bewohnte.«

Das Haus, dessen Äußeres und Inneres weitere Strophen schildern, gehört (noch) nicht zu den Sehenswürdigkeiten, die das Urlaubsdorf seinen Gästen ungefragt vorzeigt. Lieber weist man hin auf die Spuren einer ungewöhnlich gut erhaltenen Keltenschanze, der nach Augsburg führenden Römerstraße und der Bajuwaren, die hier schon um 530 siedelten. Auch verweist man gern auf das Staatsgut Achselschwang, das durch seine Military-Meisterschaften und seine Melkerschule bekannt ist, oder auf das von der Staatsschlösserverwaltung eingerichtete Künstlerhaus im Ortsteil Holzhausen – waren doch um 1900 zahlreiche Maler und Bildhauer am westlichen Ammerseeufer ansässig, etwa Eduard Thöny, der bissigste der »Simplicissimus«-Zeichner, dem eine Hauptstraße gewidmet ist.
Ein »Wanderführer durch den Ort und die Fluren«, herausgegeben vom Verkehrsverein, enthält immerhin auch einen drei Kilometer langen Rundweg, der an dem Anwesen vorbeiführt, das Hanne Hiob, Brechts Tochter aus erster Ehe (und Stieftochter von Theo Lingen, der sich in der NS-Zeit mutig für den Verbleib des Hauses bei den Brecht-Erben eingesetzt hat), im Jahr 1953 verkauft hat. Inzwischen wurde es dreigeteilt. »Wie ein gewaltiger Park« war der wellige Garten dem Dichter später erschienen. Unter den Fichten

hatte er sein Auto geparkt, das ein Firmengeschenk war zum Dank für sein Gedicht »Singende Steyrerwägen«. Immer noch sind die »Steinfliesen um das bräunliche Haus eingesunken von den Tritten früherer Bewohner«. Ein winziges Ziergewässer sieht man statt des »etwas düsteren Karpfenteichs«. Der Holzbalkon ist ziemlich verwittert, ebenso die mit Holzschindeln bekleidete Wetterwand. Die jetzigen Mieter von Nr. 3 lieben, so scheint es, einen etwas alternativen Lebensstil. Eine Spur vom alten »Baal«?

Über eine Gedenktafel hat sich die Gemeinde, so Bürgermeister Josef Klingl, »in Vorzeiten sicher schon Gedanken gemacht«. Man sei auch froh, daß der Name Utting durch Brecht »in die ganze Welt hinausgetragen wird«, aber »einen besonderen Kult« wollen die Uttinger als sehr bodenständiges Volk doch nicht daraus machen. Nachdem der Bayerische Rundfunk auf die »Sieben Wochen echten Reichtums« aufmerksam gemacht hat, beschloss der Gemeinderat aber doch, was vor neun Jahren noch an Einwänden der Anwohnern gescheitert war: Das namenlose, von Hecken umsäumte Gässle zwischen Mühlbachsteig und Gries soll nach Bert Brecht benannt werden. Zwar zweifelte ein CSU-Vertreter abermals, »ob wir das brauchen, er hat ja nur ein paar Wochen in Utting gelebt«. Doch der Antragsteller von der SPD meinte: »Für eine so kurze Zeit ist ein so kurzer Weg gerade passend.«

Der parteifreie Bürgermeister des Nachbarortes Schondorf, Gerd Hoffmann, hat indes zum 100. Geburtstag des Dichters erforscht, dass sein Wirken am Ammersee »umfangreicher war, als ich gedacht habe«. An drei seiner wichtigsten Frühwerke habe er 1929 und 1932 während vier Sommerfrischen in Unterschondorf gearbeitet, wozu auch der Komponist Kurt Weill dorthin gekommen war. Doch auch im Schondorfer Gemeinderat lehnte die CSU-Mehrheit es ab, den Seeuferweg nach Brecht zu benennen (»er hat hier nur ein paar Postkarten und ein paar Zeilen geschrieben«), und auch der Vorschlag des Bürgermeisters, einen Liederabend zu Ehren des Jubilars im örtlichen Carl-Orff-Verein zu veranstalten (Orff hat auch Brecht-Gedichte vertont), fand kein Gehör.

Informationen:
Touristikinformation, 86919 Utting, Tel. 0 88 06/92 02 10, Fax –/92 02 22.

Literaturhinweise:
»Baal«; »Hauspostille«; »Liebe Bi«; Brecht-Chronik von Werner Hecht, mit Texten aus bislang unveröffentlichten Manuskripten und Briefen (alle bei Suhrkamp). Der Rundfunkbeitrag »Zeit meines Reichtums« erschien in Heft Nr. 4/1997 des BR-Magazins »gehört gelesen«.
Allgemeine touristische Hinweise finden sich in den Titeln »Rund um den Ammersee« (Verlag J. Berg bei Bruckmann); »Ammersee und Starnberger See« (Fink-Kümmerli + Frey); Radführer Fünfseenland (Bergverlag Rother).

Ernst Toller, in den Jahren 1919 bis 1924 inhaftiert im Gefängnis Niederschönenfeld

Doch die Schwalben kamen wieder

Wo Ernst Toller (1893–1939) gefangen war und zum bekanntesten Dramatiker wurde

Schwer bewacht und mit Handschellen gefesselt wurde der Festungsgefangene Nr. 44 vom Bahnhof Neuburg an der Donau durch die schöne, kleine Stadt geführt, hinauf ins Gerichtsgebäude inmitten der Oberen Stadt, um vom Staatsanwalt verhört zu werden. Das geschah des Öfteren, und es waren für Ernst Toller innerhalb von fünf abgesessenen Jahren die einzigen Augenblicke einer begrenzten Wahrnehmung der Außenwelt:

> »Kinder spielen und balgen sich auf der Straße, alte Frauen mit Kapuzen und Regenschirmen gehen wie zeitlose Gespenster, eigne Traumphantome, mürrisch vorüber, junge Mädchen, die selbst vor Zellenfenstern kokett sich in den Hüften wiegen – all die Bilder eng begrenzten Lebens werden lebendig und verblassen.«

Ein paar Schritte sind es von der heutigen Justizvollzugsanstalt, deren weiße Mauern kürzlich erhöht wurden, zu den Sehenswürdigkeiten des Städtchens, in welchem einst bayerische Herzöge, fränkische Könige und kurzfristig sogar ein Kaiser (Heinrich II.) residiert hatten: zum aufwendig sanierten Renaissanceschloss (in dessen Hof im Sommer prächtige historische Feste gefeiert werden), zum wiederhergestellten Stadttheater (das sich als »Deutschlands kleinste Opernbühne« rühmt), zur Alten Hofapotheke (wo sich ein renommierter Jazzclub eingenistet hat), zu engen Gassen und zum weiten Stadtplatz (an dem die Fassaden alle Stile von der Gotik bis zum Jugendstil zur Schau stellen).

Von all dem Schönen dürfte er kaum etwas wahrgenommen haben, der wegen Hochverrats standrechtlich verurteilte »led. Student« Toller aus Westpreußen, der als 25-Jähriger in der kurzfristigen Münchner Räteregierung einer von ihm »erträumten Dichterrepublik« Ende 1919 quasi die Funktion eines Ministerpräsidenten (»Vorsitzender des Zentralrats«) hatte und danach als Kommandeur der Roten Armee Dachau eroberte.

Die Spuren dieses Ungewöhnlichen lassen sich nunmehr verfolgen, nachdem in Neuburg eine Ernst-Toller-Gesellschaft gegründet und die einzigartige Sammlung seines Biographen John Spalek von New York (wo sich der emigrierte, deprimierte Dichter am 22. Mai 1939, den kommenden Krieg vorhersehend, erhängt hat) hierher verlegt wurde. Nach einem ersten internationalen Symposium über »Ethos und Pathos« soll nun alle zwei Jahre ein Ernst-Toller-Preis für »besondere Leistungen im Grenzbereich von Literatur und Politik« verliehen werden. (Für Dezember 1999 wird ein weiteres Symposium unter dem Motto »Das Nachleben der literarischen November-Verbrecher« vorbereitet.) Zur Neuburger Sammlung gehören auch Plakate und Dokumente wie der Steckbrief (10 000 Mark Belohnung) gegen den zuletzt im Schwabinger Suresnesschloss versteckten Revolutionär sowie die Chronik eines Gefangenen über »das bayerische Sibirien«: das damalige Festungsgefängnis Niederschönenfeld.

Ein Besuch dieser Anstalt, 20 Kilometer westlich von Neuburg, oder zumindest ihr Anblick von außen gehört zur Toller-Spurensuche. »In der sumpfigen, nebligen Ebene zwischen Lech und Donau liegt der dreiflüglige, nüchterne Zellenbau mit seinen kahlen Höfen, seinen hohen Mauern. Die Zellen sind schmal, wenn ein Mensch sich an die eine Wand lehnt, berührt er mit ausgestreckter Hand die andere.« Mit hundert anderen politischen Gefangenen, darunter

Erich Mühsam und Ernst Niekisch, erlitt er das, was die damalige bayerische Justiz als »Ehrenhaft« gegenüber Gegnern von links (dem ebenfalls zu fünf Jahren Festung verurteilten Putschisten Hitler erging es in Landsberg sehr viel besser) praktizierte: immer wieder Einzelhaft, Besuchs- und Zeitungssperre, strenge Zensur, Entzug des Hofgangs, Ablehnung vieler Gesuche, Kälte, Verhöre.

Geplagt von Kopfneuralgien und im Kerzenlicht unter zugehängtem Tisch schrieb der tuberkulöse Toller seine (oft beschlagnahmten) »Briefe aus dem Gefängnis«, die jetzt einen ganzen Band füllen: an Stefan Zweig, Kurt Tucholsky, Romain Rolland, den Reichstagspräsidenten, an Arbeiter und Leser und – beinahe täglich – an Nettie Katzenstein, genannt Tessa, die im Tessin lebende Frau seines Herzens. Ihr schickte er Vogelfedern und Gräser, die er im Gefängnishof fand. In der grauen Einsamkeit träumte er von Wanderungen mit ihr durch warme Landschaften – und von einer »Welt der Gerechtigkeit, der Freiheit, der Menschlichkeit«. Und in der Zelle schrieb er, wie besessen, jene Werke, die ihn zum bekanntesten, meistübersetzten, von den besten Bühnen gespielten Dramatiker der zwanziger Jahre im deutschen Sprachraum machten: »Masse Mensch. Ein Stück aus der sozialen Revolution des 20. Jahrhunderts«, »Die Maschinenstürmer«, »Der deutsche Hinkemann. Eine Tragödie«, »Der entfesselte Wotan. Eine Komödie«. An Tessa schmuggelte er auch »Das Schwalbenbuch«, per Kassiber, abgeschrieben vom Original. Das hatte der Staatsanwalt wegen »agitatorischer Stellen« beschlagnahmt.

Ein Schwalbenpärchen hatte sich einen Sommer lang über dem Gitter seines Fensters eingenistet und Junge ausgebrütet. Aufseher rissen das Nest »mit gleichgültig roher Gebärde hinunter«. Im Frühjahr kamen die Vögel wieder, nisteten vor anderen Zellen. Immer wieder wurden sie vertrieben.

Erich Mühsam, wie Ernst Toller in den Jahren
1919 bis 1924 in Niederschönenfeld gefangen

»Ich weiß nicht wievielmal Aufbau und Zerstörung einander folgte. Sieben Wochen dauerte der Kampf, ein heldenhafter, ruhmreicher Kampf bayerischer Rechtsbeschützer wider den Geist tierischer Auflehnung.«

Vertrieben wurde auch Toller selbst. Am 15. Juli 1924, morgens um 3.30 Uhr – ein Tag der fünf Jahre wurde ihm ausdrücklich »geschenkt« – öffnete sich für ihn das »in Eisenschienen rollende Torgitter« von Niederschönenfeld. Unter Umfahrung von Industriestädten, wo man Sympathisanten vermutete, schob ihn ein Kriminalbeamter über die Grenze des Freistaats nach Sachsen ab mit den Worten: »Wir sind ein Ordnungsland, fahren Sie mit Gott und behalten Sie unser liebes Bayernland in freundlicher Erinnerung.«
Bayern war das einzige Land, das die Anwendung eines Reichsamnestiegesetzes verhindert hatte. Der »Fall Niederschönenfeld« gab Anlass für einen Konflikt zwischen München und Berlin.
Wenig ist noch zu spüren von der »Schwere der Mauern, die aufgeblasen drohen, als ob sie mich einzukeilen vermöchten«. Die JVA Niederschönenfeld, Deutschlands ältestes, 1880 gegründetes Jugendgefängnis, strahlt in frischem Weiß. Im Hof (»wenn wir im Quadrat gehen, klettern unsere Blicke am fünf Meter hohen Bretterzaun hinauf«) ein hübsches Rondell mit Brunnen und Rosenbeet, neben dem Zellenbau ein offenes Schwimmbad. Fast eine Idylle hinter Gittern. Die 260 Häftlinge, alle 21 bis 25 Jahre alt, seien zwar um 22 Uhr zur Nachtruhe angehalten, sie dürften aber Licht anmachen und Radio hören, so lange sie wollten, versichert der Anstaltsleiter Uwe Worliczka. Ganz so schlimm wie von Toller und seinen Biographen beschrieben sei es wohl damals nicht gewesen, meint der Regierungsdirektor.

Was die strafverschärfenden Maßnahmen betrifft, verweist er auf eine Denkschrift des bayerischen Justizministeriums vom 23. Dezember 1921. Darin wurden Mühsams Aktivitäten herausgestellt, die Worliczka mit denen der RAF-Gefangenen von Stammheim verglicht. Einem von der Reichsregierung beschlossenen Untersuchungsausschuss hatte Bayern den Zutritt zu Niederschönenfeld verwehrt.

Die Anstaltsverwaltung residiert in wunderschön renovierten Räumen eines ehemaligen Klosters der Zisterzienserinnen. Deren Kirche war, nachdem der bayerische General Tilly im Dreißigjährigen Krieg die Schweden ganz in der Nähe zurückgeschlagen hatte, ein bedeutendes Wallfahrtsziel. Sie ist ein künstlerisches Kleinod. Regelmäßig nehmen etwa 50 Häftlinge am Gottesdienst teil. »Und zweimal im Jahr machen wir die ›Goldene Stiege‹ für alle auf«, sagt Worliczka. Immer geöffnet und immer besuchenswert ist nebenan die große Pfarrkirche von Niederschönenfeld: auf romanischen Mauerresten eine barocke Basilika, strahlend in Blau, Gelb und Weiß, Sühnewerk eines hiesigen Grafen, der auf dem Kreuzzug in Zypern eine Königstochter geraubt und geheiratet hatte.

Ob Toller und seine mitgefangenen Genossen die Gelegenheit hatten, wenigstens die kleine Anstaltskirche zu besuchen, wissen wir nicht. Der freigeistige Sozialist war wohl doch religiös. »Wie ein Frommer die Bibel« las er Rilkes »Stundenbuch«, und »es gab Wochen, da war mir die Bibel der einzige Freund«.

Und die Schwalben? Sie waren ihm »das einzige Tröstliche« in den Festungsjahren. Damals als unerwünschte Zellengenossen von den Aufpassern verjagt, sind sie längst zurückgekommen zu den weißen Mauern im moorigen Land. Im Frühjahr nisten sie wieder in vielen Zellen und auch in den verschnörkelten Winkeln des barocken Verwaltungstraktes. Direktor Worliczka freut sich darüber und denkt nicht im

Traum daran, die gefiederten Besucher abermals zu vertreiben. Auch wenn er vielleicht »Das Schwalbenbuch« des Festungsgefangenen Nr. 44 nie gelesen hat:

> »Sie, die den Sternen, den Steinen, den Stürmen
> tiefer verbrüdert sind als jeglicher Menschheit.
> Den Dichtern gleichet Ihr, meine Schwalben.«

Informationen:
Ernst-Toller-Gesellschaft, c/o Kulturamt Neuburg, Postfach 17 40, 86633 Neuburg, Tel. 0 84 31/5 52 30, Fax –/5 52 42; Fremdenverkehrsamt Neuburg, Tel. 0 84 31/5 52 40, Fax –/5 52 42.

Literaturhinweise:
»Gesammelte Werke«, 5 Bände (Hanser); Richard Dove: »Ernst Toller – Ein Leben in Deutschland« (Steidl Verlag); Dieter Distl: »Ernst Toller – eine politische Biographie« (Verlag Benedikt Bickel, Schrobenhausen).

Marieluise Fleißer in jungen Jahren

Prachtkirchen und Pioniere

Marieluise Fleißers (1901–1974) Ingolstadt:
»Es war eine intime kleine Welt«

Die Altstadt hat neun Kirchen, ein Männer- und zwei Frauenklöster. Sie hat vier Hauptstraßen, die genau im Zentrum ein Kreuz bilden. Die beiden Balken sind von einem Stadttor bis zum anderen einen Kilometer lang. Sie hat zwischen diesen Balken ein Gewirr von alten, oft krummen Gassen, die nach Zünften benannt sind oder andere altertümelnde Namen tragen. Sie heißen Am Bachl, Am Lohgraben, Am Pulverl ...«

Diese eher topographische als literarische Beschreibung Ingolstadts stammt von Marieluise Fleißer. Hier wurde sie 1901 geboren, hier verbrachte sie 60 Jahre ihres Lebens, und hier spielen auch die meisten ihrer Stücke und Erzählungen. Begraben ist die 1974 Verstorbene auf dem Westfriedhof, zu dem die Straße hinter dem Kreuztor hinführt, »kerzengerade ... Kriegsgefangene Franzosen haben sie einmal begradigt.«

Kaum eine Örtlichkeit, kaum eine Stimmung in dieser Stadt, die sich nicht irgendwo im dichterischen Werk der Fleißer wiederfindet. Auf ihren Spuren spazieren heißt eine Stadt erleben, in der nach ihrem Empfinden »Geheimnis und Amerika dicht nebeneinander liegen« – die Größe der Geschichte, die kleinbürgerliche Enge und dann, als sie »nicht leben und nicht sterben konnte«, die Hinwendung zur Großtechnik, die hier vor allem durch die Mineralöl- und die Automobilindustrie bestimmt ist, die Bayern zum »modernsten Staat Europas« machen soll. Ingolstadt ist die jüngste und die am schnellsten wachsende Stadt im Freistaat.

47

»Man versteht die bayerische Provinz besser, wenn man Marieluise Fleißer liest«, hatte vor einem Menschenalter der Berliner Literaturpapst Herbert Ihering geschrieben. Sperr, Fassbinder und Kroetz traten erst später in Fleißers Fußstapfen; sie nannte sie »alle meine Söhne«. Ihering begeisterte sich, ebenso wie sein Antipode Alfred Kerr, an ihrem Stück »Pioniere in Ingolstadt«. Schlagartig hatte es 1929 die Festungsstadt an der Donau im ganzen Reich bekannt gemacht, weil es einen Skandal ausgelöst hatte. Eigenmächtig hatte Bert Brecht das von ihm angeregte Frühwerk der von ihm nach Berlin geholten Theaterstudentin als Regisseur zu einer Provokation gegen das Militär umfunktioniert. Gegen den Oberbürgermeister ihrer Heimatstadt musste sie einen Verleumdungsprozess führen und in einem offenen Brief wettern: »Aus Ingolstadt schrieb man mir sogar, daß man mich dort totschlagen würde. Seid doch nicht gleich so derb, liebe Leute. Da hätte ich ja, wenn es nach euch ginge, in meinem Stück ganz anders derb sein müssen, um den volkstümlichen Ton zu treffen.«

Erst 1978 haben die Ingolstädter das Skandalstück aufgeführt und ihren Frieden mit dieser Frau gemacht, die immer nur und immer wieder über Ingolstadt schrieb, »weil ich in Gottes Namen die Menschen da unten mit ihren tausend Schwierigkeiten liebe«. Und die ihre Vaterstadt (und ihren schwer kranken Mann) auch dann nicht verlassen wollte, als ihr Brecht 1956 den Umzug nach Ostberlin anbot. »Die Stadt blieb an mir haften«, notierte sie in Erinnerung an ihr Erstlingsstück »Fußwaschung«, das Berlin in »Fegefeuer in Ingolstadt« umgetitelt hatte.

In Ausstellungen und Vortragsreihen hat die Stadt ihre berühmteste Tochter seither gewürdigt. Zu ihrem 95. Geburtstag wurde sogar eine Marieluise-Fleißer-Gesellschaft gegründet, und ein französischer Professor schilderte ihr Leben als »eine deutsche Passion«. Eine pensionierte

Bibliothekarin ist rührend um den noch etwas ungeordnet im Stadtarchiv lagernden Nachlass bemüht; erst 1997 waren 600 verloren geglaubte Briefe und zwei bisher unbekannte Erzählungen aufgetaucht. Eine Stadtführerin konzentriert ihre Rundgänge auf die so lange verfemt gewesene Schriftstellerin.

Spätestens zum 100. Geburtstag möchte die Stadtarchivarin eine Gedächtnisstätte einrichten. Natürlich im Geburts- und Wohnhaus, in der Kupfergasse 18, wo der Vater, ein Geschmeidemacher, seinem Handwerk nachging. Dort »blieben die Schulkinder gern vor der Werkstatt stehen« und schauten dem Lehrbuben an der uralten Esse zu. Allerlei Geschmeide liegt auch heute im winzigen Schaufenster eines Antiquitätenhändlers, und die Gesellschaft für bedrohte Völker stellt Schmuck nordwestafrikanischer Nomaden aus. »Die Kupfergasse war eine schöne Straße zum Spielen«, erinnerte sich die Fleißer in »Kinderland«. Sie kam ihr vor wie ein Saal ohne Dach. »Es war eine intime kleine Welt, die noch nicht versehrt war.«

Ein Katzensprung zum Liebfrauenmünster mit den 91 Bildtafeln am Prachtaltar von Hans Mielich. Ludwig der Gebartete, Herzog von Bayern-Ingolstadt, wollte zu der ohnehin imposanten Hallenkirche die höchsten Türme im Heiligen Römischen Reich Deutscher Nation bauen. Aber weil er den Krieg gegen das Herzogtum Bayern-Landshut verlor, ging 1425 das Geld aus. So stellte die Fleißer fest: »Die altroten Türme ... stehn wie abgebunden unter metallischen Zwiebelhauben.« Im Stadtmuseum, das in einem Festungsbau des 19. Jahrhunderts eingerichtet ist, wurde zum 500. Geburtstag des Gebarteten eine Ausstellung veranstaltet, während im Neuen Schloss, das dieser eigentümliche Herrscher neben dem zu klein gewordenen Herzogkasten hochziehen ließ, als Sonderschau des Armeemuseums zuletzt die militärische Geschichte des Fahrrads dokumentiert wurde.

Merkwürdig, dass unsere Dichterin enge Beziehungen zum Fahrrad hatte, dass sie eine – nachvollziehbare – Radtour nach Neuburg an der Donau beschrieb und ihr Brecht »wie ein Radfahrer« vorkam. Ein Faible hatte die immer schick gekleidete Femme fatale auch für schöne Stoffe. Eine Station auf dem ihr gewidmeten Stadtrundgang ist die Ganghofersche Buchhandlung; nicht nur, weil dort ein Sammelsurium ihrer Ingolstädter Texte angeboten wird, sondern auch, weil sie da als Mädchen so gern in Modejournalen geblättert hatte.

Alle Kirchen in der einstigen deutschen Jesuitenhochburg hat sie, die das katholische Kleinstadtmilieu bedrückte, irgendwo genannt; nur Maria de Victoria nicht. Diese war als Betsaal (mit Weinkeller) einer Studentenkongregation zu ihren Zeiten noch nicht allgemein zugänglich. Heute aber glänzt das Asam-Meisterwerk, das die Brüder mit dem größten Flachdeckenfresko der Welt gekrönt haben, strahlend hervor unter den Rokokojuwelen Bayerns.

Am Rand der historischen Altstadt, in der »viele Häuser schon zu Zeiten des Dreißigjährigen Krieges standen«, führen die Fleißer-Spuren hinein in die Welt der Soldaten, die längst nicht mehr imageprägend ist. Da ist noch die »einzige Holzbrücke über dem mit dunklem Wasser gefüllten Festungsgraben«. Pioniere aus Küstrin hatten sie 1926 gebaut, Pioniere der Bundeswehr haben sie 1962 erneuert, so meldet eine Tafel. Unter dem Steg, der in »Pioniere in Ingolstadt« eine wichtige Rolle spielt, schwimmen weiße Wasservögel und ein Floß mit bemaltem Segel. Vom größten Ingolstädter Parkplatz, der die wunderbar geschlossene Altstadt vor der (hierorts mitproduzierten) Autoflut verschont, leitet das Brücklein hinaus ins Glacis, in den gepflegten Grüngürtel des geschleiften Befestigungsringes. »Drüben ist es einsam«, lässt die Fleißer in einer Liebesszene dort sagen. Und das stimmt noch immer.

Informationen:
Städtisches Fremdenverkehrsamt, Rathausplatz 2, 85024 Ingolstadt, Tel. 08 41/3 05 10 98, Fax –/3 05 10 99.

Literaturhinweise:
Die »Gesammelten Werke« von Marieluise Fleißer sind bei Suhrkamp erschienen, das Buch »Aus der Kupferstraße« mit Ingolstädter Texten aus 50 Jahren im Bücherzentrum Schönhuber, Ingolstadt; einen Bildband »Fleißers Ingolstadt« gibt es im Verlag Donaukurier.

*Kriemhild wird auf der Fahrt zu König Etzel von Bischof
Pilgrim empfangen: Ausschnitt aus einem Wandgemälde
im Passauer Rathaus*

Nibelungenwege im »Béyer lant«

Wo Kriemhild weinte, Hagen wütete
und weise Weiber warnten

Si zogeten dannen balde / nider durch Béyer lant.« Nicht etwa der Donau entlang, sondern durch das östliche Franken (»Ostervranken«) zogen die etwa 2000 Ritter, begleitet von 104 schön gewandeten Hofdamen, aus Worms ins Bayerland hernieder. Wahrscheinlich auf einer uralten Heeres- und Handelsstraße, am Ende durch eine Mulde des Jura, wo kürzlich eine große Bernsteinkette gefunden wurde. Ihrem ungefähren Verlauf folgt heute die »Deutsche Ferienstraße Ostsee–Alpen«. Nicht aber durch das teils kanalisierte, teils immer noch romantische Altmühltal, wie vermutlich die Nibelungen, nähern wir uns dem Ort des legendären Geschehens im 5. Jahrhundert, sondern von Ingolstadt her. Denn das Stadtmuseum der längst geschleiften Donaufeste, die schon eine Weile den ebenso legendären Monstermacher Frankenstein touristisch vermarktet, veranstaltet neuerdings Exkursionen zu den »Nibelungenwegen«, teils per Bus, teils zu Fuß. Pedalritter indes können die Spuren der burgundischen Recken gut auf einer Tagestour erkunden, denn Donau und Altmühl werden von tadellosen Radwanderwegen begleitet.

20 Kilometer östlich von Ingolstadt liegt Pförring. Erst hier war der vom Rhein kommende Brautzug an die Donau gestoßen:

> »Unz an die Tounouwe zu Vergen si do riten
> si begunden urloubes
> die Küneginne biten
> wan sie wider wolden
> riten an den Rin.«

53

Vergen (heute Pförring) war benannt nach den Fergen, Fähr-leuten, die Kreuzzügler und andere Heere, Kaufleute, Boten und Reisende aller Art über den Strom gerudert hatten, bis 1146 im 40 Kilometer entfernten Regensburg die Steinerne Brücke gebaut wurde. Für die Burgunder, die der anonyme Dichter von nun an Nibelungen nennt, war es der Ort des »Urlaubs«, des tränenreichen Abschieds (»mohtez ane wei-nen«). Die königlichen Brüder Gernot und Giselher ließen ihre Schwester Kriemhild, Siegfrieds rachedürstende Witwe, mit den Damen und wenigen Getreuen weiterreisen, nun an der Donau entlang, damit sie in Ungarn den ebenfalls ver-witweten König Etzel eheliche.

13 Jahre später lässt das deutsche Nationalepos, das wohl einer der wenigen Überlebenden des Barbarossa-Kreuzzu-ges zwischen 1200 und 1205 am Passauer Bischofshof aus mehreren Quellen zusammengefasst hat, an derselben Donaufurt (heute führt eine Brücke hinüber nach Neustadt) eine weitere Reise beginnen, die böse enden soll im Hun-nenland. Das Wasser war über die Ufer getreten, die Schiffe waren verborgen und die Nibelungen, nun über 10 000 Mann stark, hatten »grozen sorgen«: Stromauf, stromab suchte Heerführer Hagen von Tronje vergeblich nach den »Vergen«. Plötzlich hörte er »wazzer giezen in einem schoenen brun-nen«. Darin badeten zwei »wisiu wip ir lip« (weise Weiber ihren Leib).

Am Rand des Weilers Theißing, unter einem bewaldeten Steilhang, entdecken wir den »schönen Brunnen«. Wunder-bar leuchtet, von einem wahren Dschungel umsäumt und mit Wasserpflanzen bedeckt, der verschlungene Quellteich des Kelsbaches. (Die Großstadt Ingolstadt beansprucht hier ein Trinkwasserreservoir). Noch versteckter die efeuum-rankte Ruine der Rabenburg und unter einem Nussbaum ein uralter Altarsockel. Ein Düsseldorfer Historiker hatte hier schon 1929, mit Hilfe des örtlichen Gendameriekommandanten, eine »bereits in vorrömischer Zeit bekannte Cult-stätte« erkundet. Nahebei stand das Römerkastell Celeuse-um. Für den Münchner Sachbuchautor Walter Hansen bieten die Kelsbachquellen »heute in etwa denselben Anblick wie zu Zeiten des Nibelungenliedes«. Hansen verfolgt »die Spur des Sängers« in einem Buch, das sogar ins Japanische und in viele andere Sprachen übersetzt wurde, sowie in einer seit 1991 durch Süddeutschland und Österreich wandernden Fotodokumentation, die schon von 250 Schulklassen besucht wurde.

Als »Kraftfeld« versucht Exkursionsführer Kurt Scheurer, Mathematiklehrer und Hobby-Heimatforscher in Ingolstadt, die geheimnisvollen, stillen Wasser zu vermitteln. In alten Naturreligionen habe dergleichen immer eine Bedeutung gehabt, im »Neuheidnischen« wieder. Nüchterner der Blick von Bauer Batz, durch dessen Hof der unmarkierte Weg führt: Eine Quelle bringe Schwefel mit, der weiße Ablagerungen hervorrufe, die andere Jod mit braunen Spuren am Teichgrund.

Scheuerer, der vor Ort gern das mittelhochdeutsche Original zitiert und seine Erkenntnisse über Internet verbreitet, verbindet diese Phänomene wiederum mit dem Nibelungenlied, das ein junges und ein älteres »merwip« (Meerweib) auftauchen lasse. Eine der beiden Badenden warnte den »Spanner« Hagen, der ihnen auch noch die »Klamotten« wegnahm, gemäß der klassischen Übersetzung von Karl Simrock (1827):

> »Daß ihr müßt ersterben in der Heunen Land;
> Wer da hinreitet, der hat den Tod in der Hand.«

Hagen und seinem wilden Haufen begegnen wir wieder, auf dem Rückweg nach Ingolstadt über ein Dorf namens Wackerstein, in Großmehring, wo heute Flöße ablegen und eine »Nibelungenhalle« mit Skaterplatz entsteht. Im »Moeringen« des Liedes hat der »grimme man« dem widerstrebenden Fährmann das Haupt abgeschlagen, selbst das Ruder ergriffen, den Pfaffen ins Wasser gestoßen, das Schiff zertrümmert und mit dem anrückenden Markgrafen Gelfrat von Bayern gekämpft, wobei ihm der Held Dankwart das Leben rettete. »Der Bayern blieben hundert, der Burgunden vier tot,« berichtet der Romantiker Ludwig Uhland.

Von all dem Gemetzel keine sichtbare Spur. Hinweise sucht man vergeblich. Manche geschichtlich bedeutsamen Orte seien falsch oder gar nicht beschildert, klagte kürzlich, ganz allgemein, der Ingolstädter Historiker Theodor Straub; der Kulturreferent versprach Abhilfe bis zum Jahr 2000, wenn die 750-Jahr-Feier der zweitgrößten Stadt Oberbayerns ansteht. Vorerst ist, wer die Nibelungen sucht, auf seine Phantasie angewiesen und auf die 2300 Strophen, die ihm als Reiseführer dienen.

Auch in Passau, der nächsten wichtigen Station der beiden Nibelungenzüge, ist allenfalls das Nonnenkloster Niedernburg, heute Internat der Englischen Fräulein, für Spurensucher interessant. Es war wohl die »guote herberge« für Kriemhilds »ritter kind« (Edelfräulein), welchen die Recken des damals größten deutschen Bistums verliebte Blicke zugeworfen haben. Die Nibelungenstraße in Passau oder die Nibelungenpost haben mit dem Heldenepos nichts zu tun. Auch nicht die scheußliche, durch den »Politischen Aschermittwoch« berühmte Nibelungenhalle, die bald abgerissen werden soll. Im Rathaus indes erzählt ein großes Deckengemälde von der kurzen Begegnung zwischen der schönen Königin und dem mächtigen Bischof Pilgrim, welcher ihr Onkel war und ihr am nächsten Tag noch ein Stück Wegs das Ehrengeleit gab. Einen Überfall der Bayern (»nach ir gewohnheit«) haben die Reisenden vom Rhein daher nicht mehr erlebt – ihr Untergang fand erst ein paar Tage später statt.

56

Informationen:
Auskunft über Nibelungen-Exkursionen: Fremdenverkehrsamt, 85049 Ingolstadt, Tel. 08 41/3 05 10 98, Fax –/3 05 10 99;
zum Thema: Kurt Scheuerer, ks451@bingo.baynet.de.

Literaturhinweise:
»Das Nibelungenlied«, Mittelhochdeutscher Text und
Übertragung (Fischer); »Das Nibelungenlied«, Bericht von
Ludwig Uhland und sechs Abenteuer, übersetzt von Karl
Simrock; Walter Hansen: »Die Spur des Sängers« (Lübbe
Verlag); Bildband »Wo Siegfried starb und Kriemhild lebte«
von Walter Hansen (Ueberreuter Verlag)

Joseph Maria Lutz bei einer Dichterlesung
im Jahre 1971

Hügel, Hopfen und ein Handmuseum

*Mit Joseph Maria Lutz (1893–1972) durch die Hallertau –
ein Land der Stille*

Ungezählte Masten aus imprägniertem Holz ziehen sich, sieben Meter hoch, über das flachwellige, bachreiche Land. Pflückmaschinen haben mit ihren metallisch surrenden Greifarmen die Hopfenreben heruntergerissen, deren sattgrüne Dolden trocknen nun in der Darre. Abnehmer aus aller Welt warten auf das »grüne Gold der Hallertau«. Jetzt hängen, bis zur Neupflanzung im Frühjahr, nur noch die Kletterdrähte schräg zum Boden gespannt – wie große Harfen zwischen den Hügeln aus tertiärer Erdzeit. Wenn manchmal der Wind darüber weht, klingt aus den Hopfengärten leise Musik.

Wir wandern durch »gestaltete Natur« in einer schönen, wunderbar weichen Landschaft, die sich von dem eher Sensationellen im südlichen Altbayern angenehm abhebt. »Es ist eine stille, stetige Gegend, ein Wechsel von Feldern, Äckern und Hügeln, ein Gebiet harter, zäher Bauernarbeit. ...Es ist kein dramatisches Land, mit dem Aufeinanderprall harter Gegensätze.« Das schrieb der in kaum einer Literaturgeschichte aufgeführte Joseph Maria Lutz, der Dichter der Hallertau. Das »auftrumpfende Ansichtskartenpanorama« typischer Touristenregionen war ihm zuwider.

Lutz war ein Dichter der Stille. Würde nicht sein Volksstück »Der Brandner Kaspar schaut ins Paradies«, 1934 in Dresden uraufgeführt, immer und immer wieder gespielt und filmisch zubereitet, er wäre wahrscheinlich längst vergessen. Dabei waren viele seiner Gedichte, meist in bester Mundart verfasst, zu Volksliedern geworden. Doch was sollte ein nichtbayerischer Leser schon anfangen mit einer

Beschreibung des Südwindes, welcher die Hopfenharfen zum Klingen bringt:

>Wischbert er, zwischbert er hoamliche Ding
Überall is er, nix is eahm z'gring
Fludert er, kudert er hi übers Dach
d'Berg san eahm z'nieder, koa Wand is eahm z'gach.«

Seine Vaterstadt Pfaffenhofen dagegen, Südtor des von seinen Bewohnern nur »Holledau« genannten größten Hopfenanbaugebietes der Welt, hat der Schulratssohn für alle verständlich bedichtet:

>Behaglich reih'n die Häuser sich wie je
bald breit und stolz, bald schmal und altersmüd
Der spitze Kirchturm weist zur Himmelshöh
und singt den Dächern laut sein Glockenlied.«

Acht Brauhäuser hatte Lutz noch 1929 zwischen Kirche und Rathaus gezählt, »rechts und links gerecht verteilt«. Die stehen längst nicht mehr, bis auf eines; dafür aber gibt es jetzt im Stadtturm ein Dichtermuseum, das natürlich dem berühmtesten Sohn der Stadt einen würdigen Platz einräumt, sowie einen Biberlehrpfad an der Ilm, besetzt mit zehn Informationstafeln des Umweltministeriums über den wieder eingebürgerten »Naturbaumeister«. Zu sehen bekommt der Wanderer den nächtlichen Nager aber kaum, so wenig wie die Störche, die Lutz an der Ilm »gravitätisch auf und ab gehen« sah. Der einzigartige, 1,5 Kilometer lange Lehrpfad beginnt am nördlichen Ende der Kreisstadt. Am Südrand indes, unweit der romanischen Basilika Illmünster, in einem Naturschutzgebiet, beginnen wir unsere literarische Wanderung. Im Tal des Prambaches ist der Weiler gleichen Namens in einer knappen Stunde erreicht. Dort hatte sich Lutz 1931 in ein einsames Holzhäuschen zurückgezogen, denn »wo keine Stille ist, da sterben die

Werte der Seele und des Gemüts«. Dort entstanden seine starke Erzählung »Der Kumpf«, der »Brandner Kaspar« und etliche Novellen. Beim Hopfenzupfen im Garten des Großvaters hörte er von älteren Frauen so manche Gespenstergeschichte, die er in dem auf Bauernbühnen immer noch oft aufgeführten, fernsehverfilmten Schelmenstück »Der Geisterbräu« volksnah verarbeitete.

Zum Schlossberg, zum Kranzberg und zum Dürrenberg ließe sich weiterwandern, zum Wasserschloss Reichertshausen, wo sich die Minnesänger Wolfram von Eschenbach und Walther von der Vogelweide aufgehalten haben sollen, oder zur Wallfahrtskirche Herrenrast mit Damwildgehege und Fischweihern daneben. Vielleicht empfindet dort der Wanderer das »liebende Verwandtsein zum Bruder Tier, zum Bruder Feld und Wald, zum Bruder Wanderweg«, das dem Dichter sein ganzes Leben, wie er sagt, verschönt und bereichert hat.

Eine Wanderstunde südwestlich: Scheyern, die Wiege der Wittelsbacher. Der Weg dorthin führt entlang dem Gerolsbach mit seinem neuen Skulpturenpark, der »Momente des Innehaltens« beim Spaziergang ermöglichen soll. Das den Bach überragende Benediktinerkloster (seit 1119) birgt die Gräber von drei frühen Bayern-Herzögen, Ignaz-Günther-Figuren, ein Byzantinisches Institut, die einzige Waldbauernschule Deutschlands, ein Versuchsgut und eine bedeutende Brauerei.

Gut beobachtet hat Lutz, der ein Freund des Abtes war, die Leute im Bräustüberl oder sonst irgendwo: »Von Zeit zu Zeit schlückeln sie langsam aus ihren Maßkrügen. Geredet wird weiterhin nichts. Das Reden und Lachen überlassen sie denen da draußen im Wirtsgarten, die müssen ihr Getu und ihre laute Wichtigkeit auch aufs Land hinaustragen.«

Scheyern ist ein beliebtes Ausflugsziel auch der Münchner. Die Kulturlandschaft der 2400 Quadratkilometer großen

Hallertau, die der Staatsrat von Hazzi noch um 1800 als die »ziemlich ärmste Gegend ganz Bayerns« bezeichnet hat, bietet überall, nicht nur rund um Pfaffenhofen, sondern auch in den übrigen vier Landkreisen, trotz aller Stille auch Spektakuläres. Radlern ist sie jetzt durch eine 180 Kilometer lange »Hopfentour« und eine 270 Kilometer lange Rundumtour erschlossen. Autowanderer können ab Neustadt an der Donau, das das älteste Stadtrecht (1255) Bayerns besitzt, in Richtung Freising der »Deutschen Hopfenstraße« folgen. Da kommt man durch die Hopfenstädte Siegenburg (mit dem »Dom der Holledau«, den Deutschen Hopfenzupfmeisterschaften und der kostbaren romanischen Klosterkirche Biburg), durch Mainburg mit einem Hopfenmuseum und den schönsten Hopfenfesten sowie durch den Markt Au, der sich »Herz im Hopfengau« nennt.

Diese Position beansprucht allerdings auch das Städtchen Wolnzach, wo im Lipphof ein Zentrales Deutsches Hopfenmuseum entsteht und kürzlich ein originelles »Museum Kulturgeschichte der Hand« eröffnet wurde. Anatomische Baupläne, Werkzeughände, Zierhände, Gesten, Symbole und vieles andere verheißen eine »Reise zum unglaublichsten aller Körperteile«.

»Die Hand« heißt auch eine der innigsten Erzählungen von Joseph Maria Lutz. Sie handelt von der wärmenden, suchenden Hand eines fremden Menschen, die ein alterndes Fräulein für einen Moment verspürt hat. Der stille Dichter im stillen Land, der sich 1942 mit dem Gedichtband »Stiller Tag« aus politischen Gründen von seinen Lesern verabschiedet hatte, beginnt die Kurzgeschichte mit dem Satz: »Die kleine Stadt versinkt leise im tiefen Schnee.«

Informationen:
Verkehrsamt Pfaffenhofen, Hauptplatz 1, 85276 Pfaffenhofen an der Ilm, Tel. 0 84 41/7 80; Dichtermuseum,

Tel. 0 84 41/96 05; Handmuseum Wolnzach, Tel. 0 84 42/16 54.
Einwöchige Pauschalen einschließlich Hopfenrundfahrt
mit Pferdegespannen, Hopfenzupfen wie zu Großmutters
Zeiten und Brauereibesichtigung veranstaltet eine
Anbietergemeinschaft von 13 Landwirten im September,
Auskunft bei der Stadtverwaltung in 84048 Mainburg,
Tel. 0 87 51/7 04 23. Weitere Informationen bei der
Arbeitsgemeinschaft Hopfenland Hallertau, 86558 Hohen-
wart, Tel. 0 84 43/6 90.

Literaturhinweise:
Joseph Maria Lutz: »Die schönsten Geschichten«
(Ludwig Verlag).
Allgemeine touristische Hinweise finden sich bei Peter
Busler: »Die Hallertau« (Ludwig) und in »Erlebniswandern
im Landkreis Pfaffenhofen« (Verlagsanstalt Bayerland).

Auf der Terrasse der Mann-Villa in der Poschingerstraße,
heute Thomas-Mann-Allee:
Elisabeth, Michael, Katja und Thomas Mann (von links)

Von der »schönen und gemächlichen Stadt«

Wanderung zu den Münchner »Verstecken« von Thomas (1875–1955) und Heinrich Mann (1871–1950)

Das Herz von Schwabing schlägt an einem Platz, der des öfteren umgetauft wurde. Feilitzschplatz hieß er früher, dann Danziger Freiheit, dann wieder Feilitzschplatz und seit 1970 Münchner Freiheit, wenn auch die wenigsten Münchner wissen, dass damit die kurz vor Kriegsende noch aktiv gewordene »Freiheitsaktion Bayern« geehrt werden soll. Der Platz, immer wieder Gegenstand von Umbauprojekten und Bürgerinitiativen, ist gewiss nicht schön, aber schillernd, und er hat Geschichte, nicht zuletzt Literaturgeschichte.

Wir wollen den Freiheitsplatz deshalb zum Ausgangspunkt einer mehrstündigen Wanderung auf den Spuren der Familie Mann machen. Eine der vielen einmündenden Straßen, durch die sich der oberirdische Verkehr zwängt, während sich unten zwei U-Bahnen verzweigen, ist die Herzogstraße. Gleich um die Ecke, im ersten Stock des Hauses Nr. 3, wohnte seit 1898 die Senatorenwitwe Julia Mann mit ihren drei jüngsten Kindern Julia, Carla und Viktor. Sie wollte nicht mehr »in der Enge Lübecks leben, sondern in heiterer, freier Luft«, berichtete später der damals achtjährige Viktor. Auch seine beiden älteren Brüder, die er »Onkel Heini« und »Onkel Ommo« nannte, kamen bald nach dem Einzug von einer Italienreise zurück. Sie quartierten sich, jeder allein, in der Nähe ein, kamen aber zu den Hauptmahlzeiten an den alten schweren Ausziehtisch mit den Löwenpranken, »Thomas fast immer und Heinrich sehr oft« – so Viktor im Spätbericht »Wir waren fünf«.

Heinrich begegnen wir denn auch gleich um die Ecke. In der Leopoldstraße 59 wohnte er bis 1928, erinnert eine Tafel, die sich erst an der Hauptfront befand, jetzt aber, angeblich aus bautechnischen Gründen, in der Einfahrt hängt und dort Passanten nicht auffällt. An der Vorderfront prangen dafür die Namen von neun Ärzten. Das Haus gehört der Bank parterre. Damals waren nicht Bankkunden und Patienten ein- und ausgegangen, sondern »immer eine buntgemischte und vielseitig interessante Gesellschaft«, unter anderen Erich Mühsam, Max Oppenheimer, Gustl Waldau, Tilly Wedekind, Arthur Schnitzler und der Europa-Pionier Graf Coudenhove mit seiner bildhübschen Frau Ida Roland, einer Schauspielerin. In der übrigen Zeit arbeitete Heinrich Mann am »Untertan« und anderen Romanen, machte sich in Reden und Essays für Gerhart Hauptmann und Frank Wedekind und gegen rechtslastige Münchner »Massenorgane« stark.

Der Brotzeitduft vom nahen Biergarten, der dem jüngsten Spross der hanseatischen Familie noch lange in der Nase blieb, ist inzwischen einer viel befahrenen Verkehrsgabel gewichen, so dass man beim literarischen Spaziergang besser durch das subterrane »Forum« den unförmigen Platz kreuzt, in Richtung Altschwabing. Nur ein paar Schritte sind es dann bis zur Marktstraße. In der Dachgeschosswohnung von Nr. 5 – heute Haimhauser Straße 6, mit einem Laden für Naturkost – hatte sich im Herbst 1898 der von seinem Brüderchen als »Bureaudichter« belächelte Thomas Mann, »ziemlich abgerissen von der Reise gekommen«, mit Möbeln von der Mama und vom Viktualienmarkt erstmals alleinstehend eingerichtet, nachdem er zuvor noch mit Bruder Heinrich bei der Witwe Permaneder in der Theresienstraße untergekommen war. Diese Dachwohnung war eines seiner sogenannten »Schwabinger Verstecke«. Insgesamt gab es sieben. Der unstete Heinrich hatte es in München laut Melderegister auf etwa 25 Adressen gebracht, bevor er sich mit Frau und bald folgendem Töchterlein Ecke

Leopold-/Herzogstraße sesshaft machte, bis zur Übersiedlung nach Berlin im Jahre 1928.

Thomas Mann aber verbrachte 40 Jahre in München, sein halbes Leben. Obwohl er die Stadt für »völlig unliterarisch« hielt, liebte er ihre »altbürgerlich-künstlerische Kultur« und die Lebenskunst ihrer Bewohner. Als der kleine Viktor einmal zu Besuch in die Marktstraße kam, sah er, dass »Ommo« die Rohrstühle aus Lübeck erdbeerrot lackiert, die Decke grün gestrichen und den Kleiderschrank – über den er auch ein Novellchen schrieb, von einem nackten Traummädchen – mit Rupfen bespannt hatte. Zum Hausrat gehörten außerdem ein Veloziped griechischer Herkunft und ein Hund mit italienischem Namen. Auf dem gemieteten Klavier lag sein Geigenkasten, auf dem Schreibpult ein Stapel Papierbögen, und Mama flüsterte: »Das werden die Buddenbrooks.« Diese seine »Seelengeschichte des deutschen Bürgertums«, die ursprünglich »Abwärts« heißen sollte, schrieb er im Juli 1900 ein paar Häuserblocks weiter, in der Feilitzschstraße 5 (heute 32), zu Ende.

Ein halbes Jahrhundert lang befand sich in diesem Jugendstilhaus die »Seerose«, ein schlichtes Wirtshaus mit einem literarischen Stammtisch, an dem sich fast alle, die im Kulturleben der »Traumstadt« je Rang und Namen hatten, versammelten und vergnügten. Heute lockt da ein spanisches Restaurant – aber keinerlei Hinweis auf die Buddenbrooks oder die Münchner Boheme (der indes im Sommer 1998 eine große Ausstellung im Stadtmuseum gewidmet war).

An dem kleinen Platz mit Plätscherbrunnen, der nach dem Schwabinger »Scharfrichter« Frank Wedekind (aus Hannover stammend) benannt ist und 1962 Ausgangspunkt der »Schwabinger Krawalle« war, biegen wir in die Werneckstraße ein, in der die Idylle der Jahrhundertwende noch am intimsten erhalten ist. Durch ein barockes Gartentor blicken wir auf das Suresnesschlösschen, das heute der im Schwabinger Kulturleben engagierten Katholischen Akademie zur Repräsentation dient. Nach dem Zusammenbruch der Räterepublik 1919 hatte sich darin der steckbrieflich gesuchte Revolutionsdichter Ernst Toller versteckt, welcher kurz zuvor noch einen Angriff der Roten auf den von ihm verehrten Kollegen Mann verhindert hatte. Am Nikolaiplatz konnte die blutjunge Lyrikerin Ina Seidel (aus Halle) vier Jahre lang, was längst nicht mehr möglich ist, »über lauter kleine Alt-Münchner Häuser hinweg ins Grüne sehen und nach Südost zu bei Föhnwetter sogar bis zu den Bergen«.

In der Seidlvilla nebenan, deren Abriss gerade noch verhindert wurde, ist heute das Schwabinger Bürger- und Kulturzentrum eingerichtet. An der Martiusstraße erinnert eine Tafel an den Dramatiker Max Halbe (aus Westpreußen), der mit seinem Erfolgsstück »Jugend« der gleichnamigen Zeitschrift und dem danach benannten Jugendstil das Stichwort geliefert hatte. In der Giselastraße stoßen wir wieder auf ein Mann-Memorial. Am Haus Nr. 15 behauptet eine Tafel, hier seien zwischen 1898 und 1901 die »Buddenbrooks« entstanden. Tatsächlich war der Dichter nur kurzfristig in der »Pension Gisella« abgestiegen. Auf den Irrtum hat der Literaturwissenschaftler und literarische Wanderführer Dirk Heißerer den Hausbesitzer, die weltgrößte Rückversicherung, bisher vergeblich aufmerksam gemacht.

Noch weiter südwärts, durch die Kaulbachstraße, an wunderbar restaurierten Jugendstilhäusern vorbei, erreichen wir die Schackstraße. Im Haus Nr. 4, wo jetzt die Wirtschaftswissenschaftler der Uni ihr Hauptquartier haben, befand sich um die Jahrhundertwende die Redaktion des satirischen Sensationsblattes »Simplicissimus«. Sie wurde ab Herbst 1898 zwei Jahre lang von Thomas Mann geleitet. Er hatte sich von seinem Lübecker Schulfreund Korfiz Holm, dem der wegen der Wedekind-Affäre in die Schweiz entwichene Verleger Albert Langen die Geschäftsführung anvertraut hatte, für 100 Mark Monatssalär von der Straße weg engagieren lassen, obwohl er noch an den »Buddenbrooks« arbeitete.

Im Café Luitpold traf er sich mit den Zeichnern und Schreibern des berühmten Blattes, etwa mit Ludwig Thoma, der oft »mit erkalteter Pfeife im Mund« fast einschlief. Es war dies die Zeit des Prinzregenten Luitpold, als »München leuchtete«. Mit diesem Satz, der auch heute noch sehr oft zitiert wird und sogar einer städtischen Ehrenmedaille aufgeprägt ist, hatte Thomas Mann seine schönste Hommage an seine Wahlheimatstadt, an das »unüberstürzte und amüsante Treiben der schönen und gemächlichen Stadt« eingeleitet. Eine goldene Zeit. »Die Kunst blüht, die Kunst ist an der Herrschaft, die Kunst streckt ihr rosenumwundenes Zepter über die Stadt hin und lächelt«, heißt es in der Novelle »Gladius Dei«.

Auf zwei weitere Mann-Häuser, obwohl nahe gelegen, kann verzichtet werden: Die allererste, hochherrschaftliche Wohnung der aus Lübeck zugezogenen Familie in der Rambergstraße 2, im »Doktor Faustus« beschrieben, ist ein höchst langweiliger Neubau, und von dem Haus Nr. 2 in der Franz-Joseph-Straße, wo das frisch vermählte Ehepaar Thomas und Katja Mann seine erste Wohnung bezogen hatte und vier der sechs Kinder geboren wurden, ist nichts übrig geblieben außer dem verschnörkelten Hoftor. Nichts mehr vom Jugendstil, wie ihn der Dichter an allen Ecken und Enden gesehen hat, »mit fließenden Linien und sonnigen Farben, Bacchanten, Nixen, rosigen Nacktheiten…«

Der stille Leopoldpark, wo Golo Mann seinen Vater oft begleitet hatte, ist längst bebaut, und vom »Boulevard Leopold« her braust bis in die Nacht hinein der Autokorso. Also lieber gleich ostwärts durch den Englischen Garten. Von der Schackstraße aus wandert man, vorbei am Chinesi-

Als Schriftsteller in die Fußstapfen des Vaters getreten:
Klaus Mann

schen Turm, drei Bäche und dann noch die Isar kreuzend, in einer Viertelstunde bis zur Thomas-Mann-Allee, die sich hinter der Kennedybrücke als Heinrich-Mann-Allee fortsetzt. Kurz vor dem Ersten Weltkrieg ließ sich der nun schon weltbekannte und wohlhabende Schriftsteller in der damaligen Poschingerstraße in Bogenhausen eine zweistöckige Villa bauen, die er mit seiner großen Familie und dem »Gesinde« bis zum April 1933 bewohnte; dann war er von einer Vortragsreise aus der Schweiz nicht mehr heimgekehrt in die »braun« gewordene, den Nobelpreisträger begeifernde Stadt, die er so geliebt hatte.

Noch vor dem Frühstück, vor der Arbeit am »Zauberberg« und der Josephs-Trilogie führte er fast täglich seinen Hund Bauschan »ohne Hut auf eine halbe Stunde ins Freie«, in die damals wie heute noch wild wuchernden Isarauen mit ihren verschlungenen Pfaden, die er in seiner Spätnovelle »Herr und Hund« ebenso wanderführergenau beschrieb wie den Herzogpark hinter der Villa (»ein Zaubergarten«).

Viel hat sich seither nicht verändert an dieser Flusslandschaft und der pastoralen Stimmung, auch wenn sich die Schafsweide einem Lokalreporter schon 1952 als Tennisplatz darstellte. Die Erzählung aus dem Kriegsjahr 1918, für ihren Autor »eine seelische, idyllisch-menschliche Reaktion unserer Zeit«, dient Dirk Heißerer heute noch für seine Führungen durch den Stadtteil Bogenhausen, und er freut sich über jeden spazieren gehenden Herrn mit Hund.

Während Klaus Mann die ausgebrannte Villa, in der während des Krieges der NS-Menschenzuchtverein »Lebensborn« residiert hatte, 1945 als amerikanischer Soldat noch einmal »über zerborstene Stufen« erklettert hatte, wollte sein Vater die Ruine nicht mehr sehen, als ihn die Stadt München vier Jahre später zu einem Besuch eingeladen hatte. 1957 kaufte eine Münchner Familie das Anwesen, ließ das zerstörte Haus bis auf die Grundmauern abreißen und einen Bungalow darauf bauen. Seit dem Tod des Eigentümers 1996 steht es leer. Ein »Freundeskreis Thomas Mann in München«, dem prominente Leute angehören, will die nötigen Millionen sammeln, um das 1500 Quadratmeter große Grundstück von den Erben anzukaufen und anstelle des Neubaus die alte Mann-Villa zu rekonstruieren. Auf 700 Quadratmeter Nutzfläche könnten dann Archive, Ausstellungsräume und vor allem ein Forschungszentrum entstehen, das nicht nur der Großfamilie Mann, sondern auch der übrigen Münchner Literatur jener Zeit gewidmet sein soll.

So weit die Vorstellung der Initiatorin Renate Platzöder, einer Freundin der letzten noch lebenden Tochter des großen Dichters, der 1918 geborenen Elisabeth Mann (sie hat sich in Kanada als Ozeanforscherin einen Namen gemacht). Mit Hinweis auf die anderen Gedenkstätten für den deutschen Weltbürger Thomas Mann in Lübeck, Zürich und Nidden am Kurischen Haff (wo sein Sommerhäuschen in ein kleines Museum verwandelt wurde) meint sie: »Was die armen Litauer können, sollte in München auch möglich sein.« Die Stadt selbst aber, die er leuchten ließ, erklärte sich zu einer finanziellen Starthilfe derzeit außerstande. Sie veranstaltete immerhin eine Ausstellung zu »Doktor Faustus« in ihrem neuen Literaturhaus und eine über den früh begabten, vor 50 Jahren freiwillig aus dem Leben geschiedenen Klaus Mann, welcher beim Anblick der äußerlich noch ziemlich intakten Villa vermerkt hatte: »Der reine Bluff!«

Informationen:

Dirk Heißerer (Tel. 0 89/13 41 42) informiert über literarische Spaziergänge durch Schwabing und Bogenhausen. Weitere Informationen über den »Freundeskreis Thomas Mann in München« (erreichbar unter Fax: 0 81 78/1 78 58). Die große Klaus-Mann-Ausstellung, die mit umfangreichem Begleitprogramm schon in München und Lübeck erfolgreich war, wird im Frühjahr 2000 in Zürich gezeigt.

Literaturhinweise:
Thomas Mann: »Späte Erzählungen« (S. Fischer); Viktor Mann: »Wir waren fünf« (Fischer); Peter de Mendelssohn: »Der Zauberer«, zweibändige Biographie (S. Fischer); Dirk Heißerer: »Wo die Geister wandern« (Diederichs); Rudolf Reiser: »Alte Häuser – große Namen« (Bruckmann); Elke Barten/Peter Zimmer: »Schwabinger Spaziergänge« (Ludwig).

Tilly und Frank Wedekind
beim Spaziergang in München

»Im Geräusch von Fluß von Baumwind«

Ein literarischer Entdeckungsgang
durch die Isarvorstadt Lehel

In bundesweiten Umfragen wird München immer wieder als die Stadt ausgewiesen, in der die Mehrheit der Deutschen am allerliebsten leben würde. Und hier wiederum, das ergaben lokale Umfragen, gilt das Lehel seit langem als das beliebteste Stadtviertel. Das fast geschlossene Häusermeer zwischen Isar und Hofgarten, zwischen Zweibrückenstraße am Deutschen Patentamt und Himmelreichstraße am Englischen Garten könnte also jenes »deutsche Himmelreich« sein, welches der amerikanische Dichter Thomas Wolfe vor Jahrzehnten in München geahnt hatte.

Viele Literaten haben diesen 13. Stadtbezirk, den die Münchner nur »Lechl« heißen, bewohnt, und etliche haben ihn gepriesen. Ihre Spuren finden wir reichlich bei einem zweistündigen Spaziergang durch das einstige »Isar-Venedig«, dessen lichte Auen (keltisch: Lohe, daher der Name Lehel), dessen Mühlen, »Tobacksfabricken« und Kattunmanufakturen samt Triftkanälen schon vor langer Zeit den Kleine-Leute-Herbergen, später dann den großen, oft »zweckentfremdeten« Zinspalästen und mächtigen Burgen der Bürokratie gewichen sind. Einiges davon ist im Zug der Sanierung wieder zum Vorschein gekommen. Sogar die unter dem Pflaster verschwundenen Bäche, die das Bild und das Gewerbe geprägt hatten, sind da und dort ein bisschen freigelegt worden.

Seit die Isarvorstadt 1904 durch Baumaßnahmen »wasserfest« geworden ist, gesellten sich zu den Flößern, Handwerkern und Originalen (wie dem »Armeesepperl« oder dem »ewigen Hochzeiter«) die Neureichen und mit ihnen die besserverdienenden Künstler oder auch jene stillen Geister, denen Schwabing damals schon zu sehr »leuchtete«.

Im Zentrum des Lehel (die heutige U-Bahn-Station eignet sich gut als Ausgangspunkt eines literarischen Stadtteilrundgangs) war es vor allem die Sippe der Feuchtwanger: Ärzte, Bankiers, Rechtsanwälte, Fabrikanten, fast alle sozial engagiert. Letzter Spross war Lion Feuchtwanger, der seine Münchner Mitbürger und überhaupt »das Land Altbayern« samt der braunen Bedrohung so treffsicher beschrieben hat. Weil er aber in seinem Schlüsselroman »Erfolg« der Vaterstadt den Wahlspruch »Bauen, brauen, sauen« nachgesagt hatte, haben sich die Konservativen nach 1945 schwer getan, der Verleihung des Münchner Literaturpreises an den (1958 in Los Angeles verstorbenen) Schriftsteller zuzustimmen. Immerhin ehrt ihn heute eine Gedenktafel am Sankt-Anna-Platz Nr. 2, wo elf Jahre seiner Kindheit verbracht hat.

Hinter der neoromanischen Basilika, gegenüber im Haus Nr. 10, wohnten nach 1945 gleich drei Autoren von Rang: Hans Ludwig Held, der bis zu seinem Tod 1954 auch Kulturreferent der Stadt war, Josef Magnus Wehner, der neben Kriegsgeschichten auch Mysterienspiele geschrieben hat, und von 1951 bis zu seinem Tod 1964 der Lyriker Georg Britting (»Farbig glänzt der Platz, die Stadt, die Welt«), der sich »Unter den Fischen« regelmäßig mit ebenso bekannten Kollegen, mit Malern und Schauspielern getroffen hat. Das Dichterhaus birgt heute eine »Art Factory«, donnerstags ist Bauernmarkt vor der Kirche.

Aus der urbanen Idylle heraus, quer durch ein nagelneues, architektonisch interessantes, von einem Chemiekonzern erstelltes Ensemble (Unsöldstraße 5) mit dem im Hof freigelegten Eisbach erreichen wir den unablässigen Verkehrsfluss der Prinzregentenstraße. Diese überschreitend, vorbei am Westeingang des Englischen Gartens und an zwei

Museen, finden wir in der Lerchenfeldstraße das Haus Nr. 5, wo Ludwig Thoma als Bub wohnte. Da er im Kgl. Wilhelmsgymnasium, das er von 1879 bis 1885 besuchte, eine Klasse wiederholen musste und in Mathematik konstant miserabel war, schickte ihn die Mutter zwecks Nachhilfe zu einem Kgl. Professor a. D., welchen er dann in den »Lausbubengeschichten« als pensionierten »Hauptmann Semmelweiß« verspottete.

Dem Straßenzug folgend, stoßen wir auf die vornehme Widenmayerstraße. Im Haus Nr. 45 hatte der 1996 verstorbene Wolfgang Koeppen den vorbeirauschenden, erst nach der Tivolibrücke gebändigten Fluss vor Augen und so beschrieben: »Die Isar kommt als Bergkind, als Wildwasser und hat sich München nicht vermählt. Sie fließt als Oberländerin widerwillig unter Brücken durch, reibt sich an Wehren…« Weltbürger Koeppen vermisste nur die »belebten Kais« wie in Paris. Die werden zwar neuerdings von CSU-Stadträten samt Bücherständen und Cafés gefordert, die rot-grüne Mehrheit aber möchte die baumreichen Ufer vor allzu viel Geschäftigkeit schützen.

Weiter südlich in dieser Isarstraße, wie sie früher hieß, in der Nr. 32, wohnte Rainer Maria Rilke »wunderschön in den weiten Zimmern, im Geräusch von Fluss und Baumwind«. Der Dichter war 1915 »rasch und still« bei einer aus Westfalen zugezogenen, ebenfalls dichtenden Gutsbesitzerstochter untergeschlüpft, welcher er später mit der fünften seiner »Duineser Elegien« dankte. Die einjährige Untermiete gefiel ihm auch deshalb, weil er dort ein Gemälde von Picasso und eines von Marées »bewachen« durfte.

Im selben Straßenstück konnte man in jenen Jahren und noch viel später einen ganz anders gearteten Schreiber beim täglichen Spaziergang sehen. Dieser Mann war offensichtlich ein Schwarzseher. Er vergaß nie den Regenschirm und schien immer schlecht gelaunt. »Er gehörte zu den Menschen, von denen man zu sagen pflegte, daß bei ihrer Annäherung die Milch sauer wird«, lästerte jedenfalls der Literat Hans Brandenburg in »München leuchtete«. Man wusste von dem Spaziergänger zunächst nur, dass er ein pensionierter Oberlehrer war, der für auswärtige Blätter das Münchner Theater rezensierte und wortstark diskutierte. Daneben freilich schrieb er im dritten Stock der Widenmayerstraße 26 an einem pessimistischen Werk, das weltbekannt wurde: »Der Untergang des Abendlandes.« Als Oswald Spengler 1936 starb, würdigte ihn Theodor Heuss als »Ansager des Werdenden«.

Hinter den hochherrschaftlichen Häusern, wo die Herren Rilke und Spengler residierten und 1945 die bayerischen Kommunisten ihr Hauptquartier aufschlugen, befand sich noch lange nach dem Krieg, fast unbeschädigt, das »Gries«, eine Ansammlung winkliger Herbergen, dem im Zuge der »zweiten Stadtzerstörung« Neubauten den Garaus machten. Vor der Jahrhundertwende eine von Waschmadln und Plättermamsells bewohnte Idylle, lässt sich das Gries jetzt nur noch in alten Bildern nachempfinden, oder in einem Gedicht von Otto Julius Bierbaum:

> »Unten am Gries
> wo die Isar rauscht, wo die Brücke steht
> wo die Wiese von flatternden Hemden weht
> da liegt mein Paradies.«

Nächste Vorstadtstation: ein majestätisches Haus an der Prinzregentenstraße, die Nr. 50. In vergoldeten, jugendstilisierten Lettern steht da angeschrieben, hier habe Frank Wedekind sein letztes Lebensjahrzehnt verbracht, von 1908 bis 1918. In einem roten Zimmer schrieb er viele seiner Stücke und Satiren wider Spießer und Obrigkeiten. Tochter Pamela ärgerte sich allerdings, dass man gerade am Sonntag, »wenn alle Spießerfamilien mit Kind und Kegel ins

Grüne ziehen«, immer spazierengehen musste, der Vater voraus, den Regenschirm schwingend, »den er nie aufspannte« wie Spengler. Am Isarufer begegneten die Wedekinds oft einigen »finsterblickenden, etwas verwahrlosten Kindern«, und sie erfuhren, dass es »die von Thomas Mann« waren. Das Haus ist heute noch so vornehm, dass für die vier Etagen keinerlei Namensschilder angebracht sind und eine Fernsehkamera über der Haustür wacht.

Gleich dahinter biegen wir in die Reitmorstraße ein. In Nr. 21, Ecke Liebigstraße, hatte bis 1903 die Lyrikerin Ina Seidel gewohnt. Parterre bemüht sich seit Jahren ein Gourmetkoch nach dem anderen um verwöhnte Gäste. Das Mädchen Ina indes besuchte die benachbarte Kochschule, empfand »Freiheitsgefühl und Beflügelung« beim Radeln, ging öfter in die Häuser Hanfstaengl (Widenmayerstraße 18) und Ganghofer (Steinsdorfstraße 10), wo sie gleichaltrige Freunde und viele Prominente traf.

Erinnerungen an Lehel-Literatur ganz anderer Art: Im Hinterhof der Reitmorstraße 7, wo jetzt »total vietnamesisch« gekocht wird, befand sich einmal die »Schaubude«. Münchens erstes literarisch-politisches Kabarett nach dem Krieg hatte im Juni 1946 im – längst abgerissenen – Katholischen Gesellenhaus den Vorhang hochgezogen. Erich Kästner schrieb dafür großartige Texte. Auf der Bühne brillierten Ursula Herking (»Marschlied 45«), Karl Schönböck, Bruno Hübner, Siegfried Lowitz und viele andere. Anhänger der Bayernpartei randalierten mit Kuhglocken und Stinkbomben, doch der Vorhang fiel endgültig erst mit der Währungsreform.

In der Reitmorstraße 3 lebt indes, vielen wirtschaftlichen Problemen zum Trotz, immer noch ein Wirtshaus namens »Mühle im Lehel«, das schon König Ludwig I. besucht haben soll. In der alten Künstlerklause »Klarermühle«, die nach dem Krieg Stammkneipe namhafter Literaten, Karikaturisten und Kabarettisten war, haben etliche Pächter in den vergangenen Jahren immer wieder versucht, etwas Kleinkunst neu anzusiedeln. Doch die Großbrauerei konnte damit nicht das große Geschäft machen. So war nur der Personalwechsel groß.

Links vom lauschigen Thierschplatz erinnert eine Tafel am Haus Nr. 47 in der Thierschstraße daran, dass hier der Hofrat und »Volksschriftsteller« Maximilian Schmidt wohnte und 1919 starb. Der »Waldschmidt«, wie er bekannt war, gilt als Dichter des Bayerischen Waldes sowie als Pionier des Tourismus im Land. Hatte er doch am 31. Mai 1890 im nahen »Gasthof zu den vier Jahreszeiten« mit einem dreifachen Hoch auf den Prinzregenten den »Landesverband zur Hebung des Fremdenverkehrs in Bayern« gegründet und verkündet: »Bayern muß das meistbesuchte Land werden.« Was es denn auch in Deutschland bis heute ist. Immerhin handelt es sich um eine, so Schmidt, »für den National-wohlstand hochwichtige Angelegenheit«.

Schräg gegenüber, Thierschstraße 46, gibt sich ein breiter, bräunlicher Bau weniger bayerisch als altgriechisch: das Wilhelmsgymnasium. Es war ein Lebensquell von Literatur und Wissenschaft (und ist es immer noch ein bisschen). Ab 1873 haben die Schriftsteller Joseph Ruederer, Johannes R. Becher, Ödön von Horváth, Klaus Mann, Golo Mann, aber auch spätere Nobelpreisträger sowie Staatsverantwortliche wie Heinrich Himmler und Franz Josef Strauß seine Schul-bänke gedrückt.

Vom Gymnasium aus könnte man, am »Max-Zwo-Denkmal« vorbei, die Thierschstraße weitergehen und noch zwei unscheinbare Häuser besichtigen, die prominente Mieter hatten, es aber nicht zu erkennen geben: In Nr. 41 war der »Verleger« Adolf Hitler polizeilich gemeldet, in Nr. 29 fühlte sich der Liedermacher Konstantin Wecker zwischen ander-weitigen Aufenthalten immer »wieder dahoam«.

Doch schenken wir uns den Abstecher und spazieren wir lieber die schöne Maximilianstraße hinauf, einen mit prächtigen Bauwerken, Bäumen und Denkmalen umsäumten Boulevard. An Haus Nr. 32 – Tudorstil wie die ganze Straße – begegnen wir dem »Nordlicht« Henrik Ibsen. Von 1875 bis 1891 bewohnte der Dramatiker dort »hohe, helle, vornehme Gemächer«, verfasste einige seiner wichtigsten Werke und begab sich jeden Tag Punkt 14.15 Uhr zum Essen und Zeitunglesen ins Café Maximilian, »immer in schwarzer Kleidung, den Zylinder auf dem starken, grauweißen Haar, eine Hand auf dem Rücken, die andere auf den Schirm gestützt«. Ein Bild, das wir nun von anderen Literaten des Lehels schon kennen und das nur noch in der Literatur, auf Gedenktafeln oder auch, neuerdings, bei Stadtteilrundgängen weiterlebt.

Informationen:
Über literarische Exkursionen in München informiert Dirk Heißerer, Tel. 0 89/13 41 42.

Literaturhinweise:
Lorenz Wandinger: »Das Lehel« (Buchendorfer Verlag);
Rudolf Reiser: »Alte Häuser – große Namen« (Bruckmann);
»Literarischer Führer durch Deutschland« (Insel).

*Karl Valentin (rechts) mit Bert Brecht als Musiker auf
dem Münchner Oktoberfest, Anfang der zwanziger Jahre*

Wo der »Knabe Karl« Komiker wurde

Auf Karl Valentins (1882–1948) frühen Münchner Spuren
durch die Au und Haidhausen

Eine lächerliche Flugkiste zwischen die langen, dürren Haxen geklemmt, den Pilotenblick über die Isar hinweg herausfordernd zum Techniktempel des Deutschen Museums gerichtet, so zeigte ein uraltes, vergrößertes Plakat an der Baustelle Zeppelinstr. 41 den sonderlichen Menschen, der hier – geboren 1882 – seine Jugend verbracht hatte und zum Himmel der Münchner Volkssänger gestartet war. Das Plakat ist verschwunden.

Als »Valentinhaus« wurde das seit langem verwahrloste, nach heftigem Interessengerangel endlich sanierte Vaterhaus des Valentin Ludwig Fey inzwischen diversen Nutzungen zugeführt: mit denkmalgeschützter Kleinräumigkeit und originaler Holzbalkendecke, mit künstlichem Bach im Hinterhof, einer Erinnerungsecke für einen hierorts tätigen Pionier des Automobilbaus und einem kleinen Kulturzentrum der Münchner Vorstadt Au.

Zum 50. Todestag Karl Valentins am 9. Februar 1998 hatte es der Bauherr und Bauingenieur Klaus Schmidt leider nicht mehr geschafft. Zu breit waren die Risse im Mauerwerk, 20 Zentimeter tief hatte sich das auf einem aufgefüllten Bachbett stehende Haus gesenkt, so dass allein für eine Million Mark neue Fundamente per Hochdruck injiziert werden mussten. Obdachlose hatten obendrein Feuer gemacht auf den morschen Holzfußböden, durch das Dach regnete es herein. Schmidt hat das schreckliche Gemäuer nur deshalb der Stadt zum valentinesken Preis von 888 888,88 DM abgekauft, weil er im Nachbarhaus wohnte und der vorige Interessent, Münchens meistgenannter Modemacher Rudolph

Moshammer, ausgerechnet neben seinem Schlafzimmer die »längste Theke Münchens« einrichten wollte.

Waren in den Hinterhof manchmal Besucher bis aus Übersee gekommen, die hier immer noch die Werkstätte des längst verstorbenen Konstrukteurs der Luxuskarosse Bugatti Royal vermuteten, so bietet sich das Haus in der Au nunmehr, neben dem eher kuriosen als dokumentarischen »Valentin-Musäum« am nahen Isartorplatz, als Ausgangspunkt für die Entdeckung des früh gefürchteten »Fey-Buam« an, dessen Komik nach Einschätzung von Valentin-Forschern durch Sadismus und Subversion gespeist war und eigentlich Tragik zum Ausdruck brachte.

Ein solcher Spaziergang auf den Spuren des »Linksdenkers« (Tucholsky lobte ihn so) bewegt sich rechts der Isar, von der Au aus quer durch Haidhausen. Was das »gewesene Kind« eines hessischen Vaters und einer sächsischen Mutter zwischen dem großen Gebirgsfluss, dem Auer Mühlbach und dem längst verschwundenen Entenbach alles angestellt hat, stellt die Lausbubengeschichten des Ludwig Thoma weit in den Schatten und erinnert mehr an Wilhelm Busch. Der Volksliebling »Vale« hat seine bösen Streiche selbst erzählt. 1951 wurden sie aus dem Nachlass veröffentlicht; in Berlin, nicht in München.

Der »Knabe Karl«, so der Titel dieser spärlichen, nie vollendeten Memoiren, betätigte sich als Höhlenforscher, Messerwerfer, Fischwilderer, »Weiberz'sammbinder«, Tiefseetaucher (im Tanzlokal), Fallschirmspringer (mit Regenschirm vom ersten Stock des väterlichen Möbeltransportgeschäfts), als einer der ersten Skifahrer am Isarbergl, als Eisschollenschwimmer (wobei er sich Asthma fürs Leben zuzog), als Stenz und »Stolz von der Au« (spitze Schuhe, weite Hosen, hoher Eckkragen, steifer Hut). Meist trieb er dergleichen zusammen mit Auer Spezln, darunter dem Sohn des späterer Bugatti-Bauers Ludwig Weinberger. Für seine eingestandenen »Lumpereien« handelte er sich viele Watschen und erbärmliche Prügel ein.

Vorbei am »Dreigroschenkeller« und drei Kinos biegen wir, Spuren suchend, am Isarkai rechts ab zum Rosenheimer Berg. Der »Münchner-Kindl-Keller« ist einem »Motorama« gewichen und dieses Autoschauhaus wiederum einer trendigen Ladenstadt mit »sport & spa« und Pipapo. Im Saal des Bierkellers, dem damals größten Münchens, hatte Valentin, wie er sich nun nannte, nach der Jahrhundertwende als »Instrumental-Karikaturen-Komiker« klein angefangen, im Programm zwischen einer Française und einem Walzervortrag eingezwängt. 1911 entdeckte er, nun schon Virtuose an der Zitter und an der »Zugharmonika«, im Frankfurter Hof das komische Talent der Liesl Karlstadt – »und wie sie die ersten Jahre meine Schülerin war, so wurde sie später meine Mitarbeiterin und Mitverfasserin meiner Stücke«. In der Polizeidirektion war der »ledige Humorist Fey Karl« alsbald aktenbekannt. »Seine Vorträge geben bereits zu ernster Beanstandung Anlaß.« Doch war dem Mitglied des Zitherclubs »Nix G'naus« wohl schwer nachzuweisen, dass Couplets wie »Der Königsmord in Serbien« aktuelle politische Anzüglichkeiten enthielten.

Moritaten waren damals die Volkslieder der Münchner Vorstädte. Zum Beispiel:

> »In mildem Lichte Jakob Apfelböck
> Erschlug den Vater und die Mutter sein
> Und schloß sie beide in den Wäscheschrank
> Und blieb im Hause übrig, er allein.«

Geschehen war diese Bluttat am 17. August 1919 in der Lothringer Straße 11, wo sich lange Jahre das »Café Größenwahn« befand, das 1998 von einer neuen Lokalität abgelöst wurde. Bedichtet hat sie, zehn Strophen lang, ein Theaterstudent namens Bertolt Brecht.

Liesl Karlstadt, musikalische Begleiterin und kongeniale
Partnerin Valentins in seinen Stücken

Dieser spielte zusammen mit Karl Valentin in einem »Orchester«: Brecht als Klarinettist (wovon es auch ein Foto gibt), Valentin mit seinem selbst gebastelten, aus 20 Instrumenten bestehenden Musikapparat. Später bezeichnete der Stückeschreiber seinen Lehrmeister als einen »durchaus komplizierten, blutigen Witz«. Brecht-Tochter Hanne Hiob wird künftig im sanierten Valentinhaus in der Au wohnen.

Um die Ecke gelangt man von der Lothringer Straße in die Pariser Strasse. Rechterhand die Postwiese mit ihrer stadt-bekannten, vom angrenzenden Polizeipräsidium gut einseh-baren Drogenszene. Das »Franzosenviertel«, in dem fast alle Straßennamen an den Krieg von 1870/71 erinnern, gilt heute als »alternativ«, was sich aber nicht nur in den vielen Künstlerwerkstätten und originellen Kneipen äußert (im »Café Schädel« etwa schlürft man das Schwarzbier in Gegenwart von Skeletten).

Am hübschen Pariser Platz gehen wir ein paar Schritte zurück in die Weißenburger Straße. Im Rückgebäude von Nr. 28 hatte der Sohn des Spediteurs Fey am 4. März 1897 eine Lehre beim Möbel- und Sargschreiner Johann Hall-huber angetreten. In den drei Lehrjahren leistete er sich so viel »Gaudi«, dass ihn ein Geselle halb tot schlug und ein Gendarm als »ganz gemeinen Saubengel« beschimpfte – »und da hatte er auch vollkommen recht«.

Sicherheitstechnik der raffiniertesten Art wird heute in diesem Gebäude hergestellt und verkauft, im aktuellen Angebot ist auch »die bayerische Antwort auf das Tama-gotchi«. Sicher hat sich der Hypochonder Valentin durchaus nicht gefühlt, als er 1933 eine Wohnung in der Sckellstraße 1 bezog, seine einzige in Haidhausen. Panische Angst hatte er da vor »rabenschwarzen Räubern«, die sich in den »kohl-rabenschwarzen« Anlagen hinter dem Maximilianeum (damals noch ein feines Studentenwohnheim) herumtrie-

ben. Darum kaufte er sich einen Revolver. Jetzt aber fürchte-
te er sich »glei no viel mehr wie zuvor, jetzt bin i vorm
Revolver nimmer sicher«. Nach neun Monaten verließ er die
proletarische Vorstadt und kehrte nur immer wieder zu Auf-
tritten dorthin zurück.

In der Wörthstraße, die noch am ehesten einem Pariser Boulevard ähnelt, blieben einige der Volkssängerlokale erhalten
(etwa hundert soll es nach der Jahrhundertwende in München gegeben haben). Das »Café Reichshof« (Nr. 17) heißt
noch so wie zu der Zeit, als der junge Valentin dort Billard
und allerlei Blödsinnsinstrumente spielte. Verschwunden
ist nebenan das »Freie Theater«, wo vor etlichen Jahren
eigenartige Valentinaden aufgeführt wurden; die Schauspieler kamen auf Stelzen oder sie waren mit nichts als einem
Rucksack bekleidet.

Eine Kulturmeile wäre die untere Wörthstraße beinahe
geworden, inzwischen ballt sich der Kommerz, vor allem an
der Ecke Preysingstraße: Banken, Boutiquen, Versicherun-
gen und ein hässlicher Supermarkt – ausgerechnet da, wo
der »Bunte Würfel« nach dem Krieg die Kleinkunst in
München wieder groß gemacht hatte. Gert Fröbe hatte hier
seine ersten Auftritte, für Claire Walldorf und Karl Valentin
waren es die letzten.

In jener Zeit litt der wieder zur Schreinerei zurückgekehrte
Künstler, dessen »Ritterspelunke« am 28. Februar 1942
geschlossen worden war und dessen letzte Filme die Nazis
wegen »Elendstendenzen« verboten hatten, an einer schweren, fieberhaften Bronchitis, die durch Hunger und Kälte
verschlimmert wurde (er selbst alberte noch in einem Brief
über seine »leichte Eierstockverrenkung«).

Am 31. Januar 1948 fiel für den Tragöden im Clownsgewand
der Schlussvorhang. Zehn Tage später, es war ein Rosen-
montag, ist er gestorben. Bei der Beisetzung am Aschermittwoch auf dem Waldfriedhof von Planegg sagte der

Oberbürgermeister kein Wort. Den Nachlass ließ seine Heimatstadt nach Köln entschwinden, sein Vaterhaus ließ sie vergammeln. Dessen Instandsetzung und auch künstlerische Wiederbelebung erschien dem jetzigen Oberbürgermeister Christian Ude, der ein erklärter Valentin-Fan ist, als »letzte Chance der Wiedergutmachung«.

Informationen:

Haidhauser Stadtteilmuseum, Kirchenstraße 24, geöffnet Sonntag 14–18 Uhr, Montag bis Mittwoch 16–18 Uhr (hier ist auch Literatur erhältlich); »Valentin-Musäum« im Isartorturm (ständige Ausstellung über Karl Valentin, Liesl Karlstadt und die Münchner Volkssänger).

Literaturhinweise:

»Sämtliche Werke« in acht Bänden, herausgegeben von Helmut Bachmaier und Manfred Faust (Piper, 1992–1997); Herrmann Wilhelm: »Haidhausen« und »Haidhauser Geschichten (beide Buchendorfer Verlag); »Geschriebenes von und an Karl Valentin« (Süddeutscher Verlag); »Der Knabe Karl« (Steegmann Verlag); Michael Schulte: »Karl Valentin« (Knaur); »Passiert is was«-Valentinaden (Heimeran Verlag).

Lena Christ im Alter von 30 Jahren

Heilige Quellen, blaue Blumen

Auf den Wegen der Lena Christ (1881–1920)
durch das wasserreiche Tal der Glonn

Das Gemeindeforum bittet zum »etwas anderen Stammtisch«: Es geht diesmal um den Umbau eines der hier verstreuten Herrenhäuser und um »Familienkompetenz«. Die Ankündigung hängt an einem Bauernhaus aus rohen Tuffsteinquadern, wie sie schon die alten Römer in den Steinbrüchen dieses Hügellandes gewonnen hatten.

Hier, beim Wimmerbauern in Lindach, hatte Lena Christ mit ihren Kindern im Ersten Weltkrieg die Sommerferien verbracht. Hier entstanden die Kriegsskizze »Unsere Bayern anno 14/15«, die ihr eine Audienz bei König Ludwig III. eintrug, und dann »Die Rumplhanni«, die großartige Geschichte einer in die Großstadt gekommenen Bauernmagd, die erst als Fernsehfilm den Ruf der Christ als bedeutendste altbayerische Dichterin neben Marieluise Fleißer bestätigt hat (auch ihre »Madam Bäurin« wurde verfilmt).

»Die Sonn geht langsam hinter den alten Zwiebelturm der Kirche zu Öd, scheint noch eine Zeitlang auf die Bergwände da hinten, weit hinter Höhenrain und Kirchdorf, daß sie flimmern und brennen, und verschwindet dann gemach hinter den Wäldern von Frauenreuth.« So beginnt dieser autobiographisch gefärbte Roman der Lena Christ, die in der »Deutschen Literatur der Gegenwart« sogar als »rein dichterisch vielleicht neben Annette von Droste-Hülshoff das größte, stärkste, sinnlichste Talent unserer ganzen Literatur« gerühmt wurde.

Die Landschaft und die Menschen von Glonn haben ihr Werk geprägt. Es ist eine Landschaft der »Weiden, schluchtenreichen Wälder und herabstürzenden Wasser«, heißt es schon in der Stiftungsurkunde aus dem Jahr 774. Die Würmeiszeit vor etwa 10 000 Jahren hat die Hügel zusammengeschlossen und so viele Quellen hervorgebracht, dass Geologen vom grundwasserreichsten Gebiet Deutschlands sprechen. Die Glonn – der aus dem Keltischen abgewandelte Name bedeutet »die Klare« – ist längst nicht das einzige Flüsschen. Forelle und Mühlrad bilden das Wappen des Marktes Glonn, neben dem »Bierdorf« Aying wohl der meistbesuchte Erholungsort südöstlich von München; knapp 30 Kilometer ist er vom Marienplatz entfernt. Sieben Mühlen hat es früher gegeben in diesem Tal. Einige arbeiten noch, in der Stegmühle spielen Sepp und Heidi zum Kaffeekranzl, mitten im Ort ist ein stark bemoostes Mühlrad zu bestaunen.

Abgerissen aber ist der Hansschusterhof nahe der Glonn, wo Lena am 30. Oktober 1881 geboren wurde und sieben glückliche Kinderjahre bei den Großeltern erlebte. Ungefähr an dessen Stelle hat der Neuwirt, der als bestes Restaurant im Landkreis Ebersberg preisgekrönt wurde, eine Lena-Christ-Stube eingerichtet, mit alten Fotos, Habseligkeiten und Briefen – wie jenem, den sie am Abend vor dem 30. Juni 1920, als sie in familiärer und wirtschaftlicher Not im Münchner Waldfriedhof das von ihrem Mann beschaffte Zyankali nahm, dem »verehrten Gönner« Ludwig Thoma schrieb: »Bitte bewahren Sie der Frau, die gleich Ihnen Bauerntum studierte, liebte und beschrieb, ein gutes Andenken. Ihre unglückliche Lena Christ.«

Einen Gedenkgottesdienst hat die Gemeinde Glonn der Dichterin erst zum 90. Geburtstag ausgerichtet – aber viele andere, größere Orte verfuhren nicht besser mit ihren berühmten Söhnen und Töchtern. Im Heimatmuseum und durch eine Steintafel am ehemaligen Geburtshaus wird sie ein wenig gewürdigt. Eine Straße wurde nach ihr benannt, eine Bronzebüste gegossen. Der Freistaat Bayern will jetzt die Volksdichterin sogar als erste Frau überhaupt in die Ruhmeshalle bei Kehlheim einziehen lassen. Der Kultur- und Verschönerungsverein des Marktes, der 1999 seine Gründung vor 1225 Jahren feierte, bietet neben Tanzkursen und Baumpflanzungen auch Lena-Christ-Lesungen an. Während aber in München die »Stattreisen« zu elf Orten hinführen, an denen sich das Schicksal der Leni zwischen Prügel und Schreiben, Liebe und Leid bis zum Freitod vollendet hat, hat in Glonn selbst nur die SPD einmal eine Führung auf ihren Spuren veranstaltet.

Wer durch das Glonner Hügelland wandert und in den »Erinnerungen einer Überflüssigen« oder den »Lausdirndlgschichten« liest, kann viele solcher Spuren finden. Etwa auf dem gut zweistündigen Weg nach Grafing, den die »Hansschustalena« gegangen war, um ihre ungeliebte »Münkara Muatta« (Münchner Mutter) abzuholen am Bahnhof (heute S-Bahn-Station). Über die Brücke nach Zinneberg hinauf war die Fünfjährige erst einmal gestiegen, zum Schloss mit der klassizistischen Fassade, wo die letzte Kurfürstin von Bayern 1795 Schutz gesucht hatte und heute die »Guten Hirtinnen« jungen Mädchen Schutz bieten; das Portal ist von Kinderhand bunt bemalt. Am nahen, teils neubarock, teils im Jugendstil gestalteten Herrenhaus Sonnenhausen fordern Kinder mit Spielzeugpistolen dem Wanderer Maut ab.

Das heutige Bildungswerk, das der zum Bio-Apostel bekehrte Fleischwarenfabrikant Schweissfurth gegründet hat, veranstaltet Seminare, die den intelligenten Umgang mit allem Lebendigen fördern sollen; auch Wallfahrten nach Frauenbründl, das zu einer hoch gelegenen Streusiedlung mit dem sinnhaften Namen Baiern gehört, und zu anderen »Heiligen Quellen« der Region Glonn stehen auf dem Programm.

Von Sonnenhausen führt neuerdings ein fünf Kilometer langer Feld- und Waldweg über Westerndorf nach Herr-

Hier stand das Geburtshaus der Dichterin:
Gedenktafel für Lena Christ in Glonn

mannsdorf, wo der wohl größte deutsche Musterbetrieb für die Erzeugung von »Lebens-Mitteln« höchster ökologischer Qualität zu besichtigen ist. Diesen Pfad umsäumen 14 Objekte, die sich nicht nur zum Betrachten, sondern auch zur Meditation und für Zusammenkünfte aller Art anbieten. Motto: »Kunst geht in die Natur.« Poesie auch hier. »Die blaue Blume« heißt da beispielsweise eine künstliche, verschließbare Kleinlandschaft, die nach einem Text des Romantikers Novalis mit 10 000 hauptsächlich blau blühenden Wildblumen, mit Rosen, Sträuchern und Bäumen bepflanzt ist.

Über der Schlucht jenseits des Doblbaches liegt Adling. Dort hatte sich das Lenerl, als es noch ein Lausdirndl war, von Buben zum »Kerschnstehln« verführen lassen. Das spätgotische Kirchlein und ein Bauernhaus sind aus Quadersteinen gebaut, auch die Bundwerkteile sind sehenswert. An einer romanischen Wallfahrtskirche vorbei gelangt man nach Schlacht, das 80 Meter hoch über dem Glonntal liegt. »Von den Höhen rings um das Dorf konnte man die fernen Berge sehen, und der Großvater sagte mir vom höchsten, daß es der Wendelstein sei.« An ganz schönen Tagen hat man die gesamte Alpenkette von der Zugspitze bis zum Watzmann im Blick, am besten vom schönen Biergarten in Kleinhöhenrain aus.

Auf dem Rückweg von der missglückten, angstvollen Wanderung nach Grafing kam das immer nach Geborgenheit suchende Mädchen über das Brucker Moor nach Wildenholzen. »Es ist das ein kleines, wundernettes Örtchen am Fuß eines schönen, bewaldeten Bergabhangs.« Ganz erschöpft bat sie im Wirtshaus, ob sie rasten dürfe. Die Wirtin bot ihr Essen und ein Nachtquartier, sie träumte, in einem Sumpf zu versinken.

Das gastfreundliche Haus ist heute eine Schreinerei. Die biedere Atmosphäre einer bayerischen Dorfkneipe von anno

dazumal vermittelt indes das sogenannte »Café Henna-
dreck«, was der Volksmund durchaus liebenswürdig meint,
schon weil das Aufgetischte reichlich und sagenhaft billig
ist. An die Burg der Pienzenauer, die Wildenholzen überragt
hat, erinnert nur noch eine Tafel. Auch das Dorf Spitzentrönk
ist heutzutage nicht mehr auffindbar. 1879 hatte es der
damalige Schlossherr von Zinneberg, ein sardischer
Gesandter am Münchner Hof, im Zug des von den Herrschaften gern gepflegten »Bauernlegens« aufgekauft und
total abbrechen lassen.

Von Herren und Knechten, vom Bauernleben und Bauern-
sterben erzählt die Heimat der unehelich geborenen Tochter
einer Köchin und eines »Bedienten«, der geschlagenen und
schließlich doch geehrten Lena Christ. Vom Gottvertrauen
zeugen die zahlreichen Kirchen, Kapellen, Grotten, Flur-
denkmäler, die für viele hiesige Menschen oft Zuflucht
waren, und all die kleinen Siedlungen mit Namen wie Kreuz,
Münster oder Elendskirchen. Ackerland ist es weithin
geblieben, ein Wasserland auch und somit ein wunderbares
Wanderland. Überall sprudeln die Quellen, mäandern die
Bäche, locken die kleinen Seen.

Im Kastensee – inzwischen samt seinem Biergarten ein
beliebtes Ausflugsziel der Münchner geworden – hatte auch
die Lena gern gebadet. Wolfgang Koller, einst Schulrat und
Poet dazu, erinnerte daran, auch an andere gemeinsame
Erlebnisse aus der Kinderzeit, in seiner Rede zur 1200-Jahr-
Feier von Glonn. »Es ist nicht so, daß nur erwünschte
Kinder eine Heimat schöner und die Welt reicher machen
können«, sagte Koller.

Bevor ihn mitten in der Festrede von 1974 der Tod ereilte,
schwärmte er vom »Auf und Ab der Hügel und der Wälder«,
von seinem »ganzen gottseligen Land, in welchem der
Wiesenwind um helle Kirchtürme und um bauernfürstliche
Einödhöfe singt«.

Informationen:
Kulturverein Glonn, Tel. 0 80 93/6 91. Das Heimatmuseum
Glonn ist jeden ersten Sonntag im Monat von 14 bis
16 Uhr geöffnet, die Lena-Christ-Stube beim Neuwirt
durchgehend.

Literaturhinweise:
»Erinnerungen einer Überflüssigen« (Piper, dtv); »Madam
Bäurin« (dtv); »Das Schicksal der Lena Christ«, Biographie
von Günter Goepfert (List Verlag).
Allgemeine touristische Hinweise finden sich in »Erlebniswandern im Landkreis Ebersberg« (Verlagsanstalt Bayerland, Dachau).

*Ludwig Thoma vor seinem Haus
in der Tuften*

»Erster Vorgeschmack des Gebirges«

Erkundungsgänge im »Tal der Poeten«
am Ostufer des Tegernsees

Vor etlichen Jahren hatten Touristikmanager den Slogan »Tal der Poeten« kreiert, diesen aber dann nicht weiter vermarktet und praktisch vergessen. Erst jetzt wird die reiche Kulturgeschichte des Tegernseer Tals, zu der zuvörderst die Literatur gehört, wieder hervorgeholt aus den Truhen der Vergangenheit.

Am Nordende des Sees, an der engsten, tiefsten, aber auch reizvollsten Stelle des Berges von Gmund, vis-à-vis vom historischen Gasthof »Herzog Maximilian«, wurde ein altes Haus renoviert, teilweise eingerichtet und als eine denkwürdige Sehenswürdigkeit eingeweiht; eine Stätte, in der sich Schreckliches zugetragen hat.

Es war am 9. Oktober 1822, als der russische Zar Alexander I. und der österreichische Kaiser Franz I. mit Hofstaat an den Tegernsee reisten, um den ersten bayerischen König Max Joseph in dem von ihm nach der Säkularisation erworbenen und zur Sommerresidenz ausgebauten Kloster zu besuchen. Im selben Jahr kaufte der königliche Forstwart Johann Mayr das vormalige Metzgerhaus an der Mangfallbrücke in Gmund. Dieser Mann war, so erzählt die Ortschronik, »lange Jahre der Schrecken der Wilddiebe, die er mit seiner sicheren Büchse erbarmungslos niederstreckte«. Auch Unschuldige erlagen seiner Kugel, unter ihnen ein Bauernsohn aus Schliersee, der für einen Jäger den von diesem erlegten Hirschen auf dem Schlitten abtransportierte. Verdächtige Burschen pflegte der »Wilde Jager« auf dem Stiegengeländer seines Hauses festzubinden und auszupeitschen, um Geständnisse zu erpressen. Rache war ihm gewiss.

Nach einem Haberfeldtreiben mit geschwärzten Gesichtern und mit einem Sarg samt Sensenmann lockten elf Burschen den Jäger von Gmund und seinen Gehilfen in einen Hinterhalt und prügelten die beiden dermaßen, dass sie alsbald verstarben. »Der große wohldressierte Hund Mayr's, der ›Donau‹, war bei Beginn der That bereits niedergeschmettert und beseitigt.« Die Täter entkamen ins Ausland oder wurden abgeurteilt. Franz von Kobell, 1803 geboren und Begründer der bayerischen Mundartdichtung (»Brandner Kaspar«), hat die Begebenheit ausführlich geschildert.

Das »Jagerhaus« von Gmund blieb trotzdem das »Stelldichein der Jäger und Förster, deren Anhang, von Nah und Fern, und wurde selbst von manchem hohen Haupte besucht«. Später kam es, obwohl als Baudenkmal registriert, arg herunter. 1989 kaufte es dann die Gemeinde, ohne dass sie damit zunächst etwas anzufangen wusste. Es folgte eine friedliche Hausbesetzung. Ein paar Bürgerinnen und Bürger, darunter die erfolgreiche Sachbuchautorin Ingeborg Münzing und der jüngst verstorbene Rundfunkliebling Fred Rauch, werkelten und sammelten so lange, bis Kobells Beschreibung wieder passte: »A saubers Haus mit greani Laden, a Hirschgweih is herauß.« Über der schönen Tür prangt die Jahreszahl 1793. Der Kreisheimatpfleger pries das Werk als »beispielhaft«.

Es nennt sich schlicht »Heimathaus« und will doch mehr sein als ein Heimatmuseum. »Wir arbeiten die Geschichte unseres alten Ortes auf«, sagt der pensionierte Rektor Wolfgang Rausch. Seine »Heimatfreunde Gmund« dürfen es 20 Jahre lang eigenverantwortlich nutzen. In den ersten fertigen Räumen wurde schon diskutiert und ausgestellt: »Die Frau zwischen Butterfass und Computer«, Kopien alter Meister, Tegernseer Krippen, Tiere aus dem Tal.

Zur Historie von Gmund, der wahrscheinlich ältesten Siedlung im ganzen Tal, gehört natürlich die Geschichte vom

100

»Wilden Jager« (dessen Stube ist original erhalten) und von der fürchterlichen, auch auf einem Marterl dargestellten »Jägerschlacht« vom 11. November 1833. Und es gehören dazu die Invasionen fremder Soldaten, schwedischer, französischer, schließlich amerikanischer, die sich durch das nördliche »Tor« gen Süden durchkämpfen mussten.

Raum E indes dokumentiert »große Gmunder Persönlichkeiten«. Es waren nicht wenige, ihrem Wirken verdankte das Seedorf auch seinen Ruf als »Tor zur Welt«. Da war das Geschlecht der Reifenstuel, das die klostereigene Schenke von 1449 betrieb. Hanns Reifenstuel (1548–1620) war schon 70 Jahre alt, als er im Auftrag des Herzogs Maximilian eine Soleleitung von Reichenhall nach Traunstein baute, mit 9000 Holzrohren und sieben durch Wasserräder betriebenen Pumpwerken – es war die erste Pipeline der Welt. Auch sein Sohn Simon war ein genialer Ingenieur. Paulus von Reifenstuel wurde vom Kaiser zum Hof- und Pfalzgrafen ernannt, Anton Reifenstuel war als Landschaftsmaler bekannt.

Da war weiter, durch Heirat mit den Reifenstuels verwandt, der Metzgersohn Max Obermayr, der zwölf Kühe, drei Kälber und einen Stier aus der Schweiz zu Fuß nach Gmund trieb, mit den heimischen braunen Kühen kreuzte und so das Miesbacher Alpenfleckvieh schuf, das noch heute in aller Welt exportiert wird, lebend natürlich. 53 seiner Tiere durfte der Maxl selbst noch dem Zar in St. Petersburg vorführen.

Beim Sixtbauern hat sich ab 1902 der »Simplicissimus«-Redakteur Ludwig Thoma vier Jahre lang »sauwohl befunden«. Erfreut haben ihn dort die Vorberge, die ihn das »Paradies« seiner Jugend in der Vorderriß ahnen ließen, die »souveräne Heiterkeit« des von Norwegen an den Tegernseer Fjord zugewanderten Zeichners Olaf Gulbransson, der im Winter die Künstlerfreunde in die Kunst des Skilaufs einweihte, sowie die »hochgewachsenen stämmigen Bauern, verwegenen Burschen und frischen Mädeln«. All diese Eindrücke halfen ihm, hier »an der Lokalbahn zu basteln« sowie den schwer wiegenden Roman »Andreas Vöst« und die Geschichte vom »Menten-Seppei« – das Opfer des »Wilden Jagers« – als ersten Beitrag für die »Münchner Neuesten Nachrichten« zu schreiben; deren Herausgeber Georg Hirth hatte in Rottach ebenfalls ein Landhaus.

»Faszinierend, wie viele Inspirationen Ludwig Thoma in unserem Dorf bekam«, stellte Ingeborg Münzing, die in den siebziger Jahren die heute hoch schäumende Welle von Gesundheitsbüchern in Gang gesetzt hatte, bei ihren Recherchen fest, über die sie in den von den »Heimatfreunden« herausgegebenen »Gmunder Heften« berichtet. Dort taucht auch der Name Heinrich Himmler auf; im Haus des schrecklichen »Reichsleiters« werden jetzt Führungskräfte aus Industrie und Handel geschult. Ein Schulungszentrum von BMW befindet sich im Gut Schwärzenbach, das nacheinander einem Magenbitterkönig, einem Frischzellenpapst und einem Scheich gehört hatte. Die modernistische Villa auf dem Ackerberg hatte sich der Bundeskanzler Ludwig Erhard zum Ärger mancher Naturfreunde in die uralte Kulturlandschaft bauen lassen.

Durch Gmund strömten nicht nur fremde Heere, stadtflüchtige Maler und Autoren aller Couleur, sondern auch – eigentlich schon seit Gründung des Tegernseer Klosters im Jahre 746 – der unaufhörliche Fremdenverkehr. Nicht nur in den »Gmunder Heften« wird diese über 1200 Jahre alte Entwicklung anschaulich dokumentiert, sondern auch im »Heimathaus«, wo überlebensgroß der heimische Kammersänger Alois Burgstaller, der in Bayreuth den Siegfried sang, von der Wand des Vortrags- und Begegnungssaales grüßt und eine Turmglocke aus einem Gasthaus tönt. Jene frühen Touristen, so meinte der wandernde Alpenerforscher Ludwig Steub, »laben sich in unserem Gmund, weil es den ersten richtigen Vorgeschmack des Gebirges gewährt«.

Nähern wir uns nun dem richtigen Gebirge, am besten zu Fuß, um noch mehr Literatur rund um den See kennenzulernen. Den Gmunder Höhenweg, der in knapp zwei Stunden schluchtenreich nach Tegernsee führt, erreichen wir entweder vom Heimathaus hochsteigend oder über den schönen, neuen Seepark. Linker Hand, auf der Eck, wohnte Wilhelm Diess (1884–1957), der nach dem Krieg Generaldirektor des bayerischen Staatstheaters war. Erst in spätem Alter hat er sich, so sein Biograph Johann Lachner, »als der bedeutendste Erzähler erwiesen, den die bayerische Landschaft besitzt«. Diese Landschaft hat wohl auch ihn geprägt, lebte und schrieb er doch – was zu erkunden wäre – »auf einem der schönstgelegenen bayerischen Höfe«, beim Michelbauern nämlich.

Über die Parkterrassen des hoch gelegenen Hotels Bayern, dem früher von fürstlichen und gar kaiserlichen Gästen geschätzten Sengerschloss, zweigt ein Abkürzer des Höhenweges hinunter nach Tegernsee ab. In dem weltbekannten (und auch verkannten) Städtchen, einer Keimzelle europäischer Kultur, könnte die literarische Spurensuche allein einen Tag füllen. Kürzen wir sie ab: Um 1050 schrieb ein unbekannter Mönch des Urklosters den ersten deutschen Roman (vom »Ruodlieb« sind 2300 Verse enthalten), und 15 Jahre später wurde das erste deutsche Drama (»Das Spiel vom Antichrist«) vermutlich in der Klosterkirche vor Kaiser Friedrich Barbarossa uraufgeführt. Noch viele dichtende Mönche sind aus dieser geistlichen Kaderschmiede hervorgegangen, einer von ihnen schrieb das innige Liebesgedicht: »Du bist mîn / ich bin dîn…« Der Minnesänger Walther von der Vogelweide, der berühmteste Wanderer seinerzeit, weilte auch einmal dort und verspottete seine Gastgeber, weil sie ihm Wasser statt Wein aufgetischt hatten. Heute pflegt das Herzogliche Brauhaus seine tausendjährige gastronomische und künstlerische Tradition in jeder

Ludwig Ganghofer (links) und Ludwig Thoma
in einer Zeichnung Olaf Gulbranssons
für den »Simplicissimus«

Hinsicht; in dem von einem Asam geschmückten Barocksaal finden regelmäßig hochkarätige Kulturfeste statt. Der Empfangssaal der Äbte ist inzwischen ein Heimatmuseum, in dem auch einige der über 2000 Handschriften, mit denen die Klosterbibliothek im Mittelalter noch die des Vatikans übertrumpft hatte, zu bestaunen sind.

Das zweite Kulturzentrum ist das moderne Gulbransson-Museum. Der nordische Bär, der in seinem Schererhof hoch oben am liebsten ganz oder fast nackt herumlief, war nicht nur ein begnadeter Zeichner, sondern auch Verfasser pfiffiger Bücher (»Es war einmal«, »Und so weiter«). Der vom bayerischen Staat unterhaltene Pavillon bietet daher nicht nur die besten Porträtkarikaturen (u. a. Thomas Mann, Karl Valentin) und bedeutende Sonderausstellungen (Daumier, Goya), sondern regelmäßig auch Literaturabende. Gulbransson ruht auf dem Tegernseer Friedhof, unmittelbar neben dem Grab der aus Thüringen zugewanderten Hedwig Courths-Mahler. Mit ihren 208 »Märchen für große Kinder«, die weltweit in 15 Millionen Büchern erschienen sind, gilt sie als die erfolgreichste Autorin deutscher Sprache. Nach der Landschaft, in der sie von 1933 bis zu ihrem Tod am 26. November 1950 sehr zurückgezogen gelebt und unentwegt geschrieben hatte, sucht man in diesen Trivialromanen allerdings vergeblich. Dabei bietet sich von ihrer – früher einem bayerischen Kriegsminister und heute der Stadt Tegernsee gehörenden – Villa in der Schwaighoferstraße 47 durchaus ein Panorama voll Poesie: unten der Yachthafen, drüben Bad Wiessee. Der schönste Weg zum Haus führt vom Schloss aus durch den Lärchenwald.

Kaum tausend Meter weiter, in der Schwaighoferstraße 74, »steht ein Haus dicht unterm Waldeshügel, still und verschlafen, und dieses Haus ist mein« – so der Bayerndichter Karl Stieler (1842–1885), dessen Vater noch den Dichterfürsten Goethe gemalt hatte. Und dann folgt auch schon die

»Villa Maria« (das Haus Nr. 86), wo Ludwig Ganghofer einige seiner Heimatromane schrieb und am 24. Juli 1920 starb – als »einer der letzten Repräsentanten einer lieben Vergangenheit«, so sein kritischer Freund und Nachbar Ludwig Thoma, bevor er selbst, nur ein Jahr später, unten auf dem Egerner Friedhof direkt neben Ganghofer von herzoglichen Jägern beigesetzt wurde.

Seewärts von der Schwaighoferstraße der Kleine Parapluie, wo die Fähre nach Rottach-Egern ablegt, bergwärts der Große Parapluie, wohin König, Kaiser und Zar 1822 zu Fuß promeniert waren, um die schöne Aussicht zu goutieren. Vom oberen, aus Holz gefertigten »Regenschirm« aus wandern wir weiter auf dem Leeberg-Höhenweg, gleichsam auf der Sonnenterrasse des sogenannten »Literatenberges«. Wo der Süßbach rauscht, steigen wir ab.

Irgendwo links liegt, versteckt und ohne Hinweis, das Ludwig-Thoma-Haus, »nudelsauber ... so was von lieber Gemütlichkeit«. Nach der Untermiete beim Sixtbauern im Gmunder Ortsteil Finsterwald hatte sich der jetzt erfolgreiche Schriftsteller »das Haus in der Tuften« von seinem Dachauer Freund Ignaz Taschner bauen lassen, nach einer Skizze, die er 1907 selbst im Stadelheimer »Loch« (Gefängnis) gezeichnet hatte. Hier schrieb er, wenn ihm die Jagd (»Tag für Tag«) und der »Dischkurs« mit so vielen Künstlerfreunden dafür Zeit ließen, die meisten seiner Stücke und Romane. Die satirischen Briefe des Volksvertreters »Jozef Filser«, die gefühlvollen Briefe an die hochverehrte Maidi von Liebermann und, mitten im Kriegsjahr 1915, das wunderbare Dialektepos »Heilige Nacht«, das immer zu Weihnachten am Entstehungsort vor eingeladenen Gästen, darunter traditionell dem Münchner Oberbürgermeister, von einem Schauspieler in schöner Stimmung gelesen wird. Das Haus gehört seit dem Tod von Thomas Lebensgefährtin und Haupterbin Maidi der Stadt München. Diese hat eine

Haushälterin eingestellt, die Interessenten nach telefonischer Anmeldung durch die Bauernstube voller Geweihe und das Biedermeierzimmer zum Arbeitszimmer hinaufführt. Dort erblickt man Bücher über Bücher, interessante Bilder, Briefe (etwa an Bismarck), Theaterzettel, Scherenschnitte, Hanteln, einen Strafzettel über fünf Mark wegen nächtlicher Ruhestörung, Tintenfässer und Thomas Markenzeichen: Zwicker und Pfeife. Und vom blumenumrankten Balkon, auf dem »schönsten Platz im ganzen Landl Tegernsee«, weitet sich wieder einmal der Blick zum See.

Auf dem Höhenweg weiter oder auf dem Dammweg der Rottach gelangt der literarische Fährtensucher im winzigen Ortsteil Berg zu zwei benachbarten Cafés. Beim »Broi« wohnte 1929 wochenlang der weltberühmte englische Lyriker und Romancier David Herbert Lawrence (»Lady Chatterley«); in der Bergluft wollte er sein Lungenleiden kurieren, doch starb er schon ein Jahr später in Venedig. In der Rottach und der Weißach fischte der in Indien geborene Schweizer Schriftsteller John Knittel (»Via Mala«). Ihn hatte das Werk Ludwig Thomas »in diese Seen- und Bergwelt gezogen«.

Im Ortsteil Kalkofen, direkt unter Berg, hatte der Berliner Schriftsteller und langjährige Autorenpräsident Bernt Engelmann (1921–1994) den Mächtigen und Reichen der Republik arg zugesetzt und 1976 in einem »Bericht aus dem Tal der glücklichen Kühe« auch am Tegernsee nicht nur die Almkirta, die Schuhplattler, die Sauberkeit des Seewassers und überhaupt eine »Bilderbuch-Landschaft« entdeckt, sondern auch »etwa zwei Dutzend Konzernherren und -damen, die über rund 55 Milliarden Kapital gebieten«, darunter die Flicks und die Fincks.

Merkwürdigerweise war dieser Südwinkel des Tegernsees, die weitläufige Siedlung von Rottach-Egern, wo dann auch die Familien Strauß und Schalck-Golodkowski ansässig wurden, überhaupt ein Ballungszentrum oder Zufluchtsort kritischer Literaten, die einer der eingesiedelten Politiker als »Ratten und Schmeißfliegen« stigmatisierte. Nur ein paar Minuten sind es von Kalkofen zur Wolfsgrub. Der dortige Löblhof hatte einmal einem Mann gehört, der heute zu Unrecht vergessen ist. Dabei zählten die Stücke des Arztes Max Mohr in den zwanziger Jahren zu den meistgespielten im In- und Ausland; eines wurde mit Paul Wegener verfilmt. Als ihn die Nazis 1933 verhaften wollten, floh Mohr nach Shanghai und betreute dort chinesische Flüchtlinge.

Ebenfalls am Fuß des Wallbergs, dessen Anlagen einer der Konzernherren gekauft hat, in Trini, hat Mary Tucholsky das (heute in Marbach verwahrte) Kurt-Tucholsky-Archiv aufgebaut. Im Haus Nr. 10 der Rottacher Hofbauernstraße wohnte der humorsprühende Autor Alexander Spoerl, dessen Vater Heinrich (»Die Feuerzangenbowle«) sich am Riederstein verkrochen hatte, um den Nachstellungen des Propagandaministers Goebbels zu entgehen. 1943 hatte sich der bedeutende bayerische Geschichtsschreiber Karl Alexander von Müller (»Aus Gärten der Vergangenheit«) nach Egern zurückgezogen.

Natürlich kam auch Thomas Mann an den Dichtersee. In Abwinkl, gegenüber von Egern, stieg er mehrmals zur Sommerfrische ab und zum Hirschberg hinauf. Diesen 1670 Meter hohen Hausberg des Tegernseer Tals hatte auch Ludwig Thoma geliebt; am liebsten aber bestieg er, direkt von seinem Haus aus, den Riederstein und den Schildenstein. Noch kurz vor seinem Tod am 26. August 1921, als man ihn auf der Bahre zur Tuften trug, genoss er bei einem Kognak den Rundblick auf all die Berge des Voralpenlandes und flüsterte: »Schön is' halt da dahoam.« Dass einer der bislang schönsten Wege auf den Hirschberg kürzlich breit ausgebaut wurde, um die Zufahrt zu einer Alm zu erleichtern, geschah gewiss nicht im Sinne der wandernden Dichter.

Informationen:

Verkehrsamt, 83703 Gmund am Tegernsee, Tel.
0 80 22/5 05 27, Fax –/75 05 20. Das Heimathaus ist Freitag
und Sonntag von 15 bis 18 Uhr geöffnet, Sonderführungen
nach Absprache (Tel. 0 80 22/7 68 84). Tegernseer Tal
Gemeinschaft, Hauptstraße 2, 83684 Tegernsee, Tel.
0 80 22/18 01 49, Fax –/37 58; dort auch Auskunft über das
Gulbransson-Museum und das Ludwig-Thoma-Haus.

Literaturhinweise:

Ilka von Vignau: »Tegernsee« (Prestel); »Gmunder Hefte«
Nr. 3 (Ludwig Thoma) und Nr. 7 (1200 Jahre Fremdenver-
kehr) bei den Heimatfreunden, Kaltenbrunner Str. 6, 83703
Gmund; »Das andere Bayern« (Nymphenburger); »Maler &
Poeten«, kostenlos erhältlich beim Tourismusverband
München-Oberbayern (Tel. 0 89/82 91 80, Fax -/82 92 18 28);
Gerd Thumser: »Ludwig Thoma – Lebensbilder und Anek-
doten« (Husum Verlag).

Die historische
»Wurzer-Hütte« 1892

Die Wurzhütte unterm Schneehimmel

Mit dem Jagdschriftsteller Anton von Perfall (1853–1912) am Spitzingsee

Der Auerhahn balzt! Laßt die engen Stuben, winterliche Schwermut und Grillen, auf zu frischen Höhen!« Wohlauf, Bergkameraden, folgen wir dem Jagdschriftsteller Anton von Perfall. Zum Beispiel zum Spitzingsee. Der lockt und lädt zu allen Jahreszeiten ein, wenn auch in frischen Höhen von 1100 Metern nicht gerade zum Bade, so doch zum Wandern bis in den Spätherbst hinein, und im Winter, seiner Hochsaison, zum traditionellen Schneespaß in Bayerns ältestem Skigebiet.

Die Veränderung einer Berglandschaft, die binnen einer knappen Stunde von München aus erreichbar ist und daher seit langem schon touristisch genutzt wird, spiegelt sich am Spitzingsee deutlicher wider als an alpinen Brennpunkten, die weiter von Großstädten entfernt sind. Dennoch ist, je weiter man sich von den stets belebten Ufern entfernt, noch einiges sichtbar oder spürbar von dem, was der Freiherr von Perfall einst in seinen jagdlichen Erzählungen so begeistert beschrieben hat.

Ludwig von Cramer-Klett, auch er eine Edelfeder unter den Grünröcken, hat die schönsten Geschichten des Kollegen, dessen wichtigstes Werk »Dämon Ruhm« heißt, 1963 als Sammelband herausgegeben und dabei eine bis auf Homer zurückreichende Tradition beschworen: »Nur Goethe verwehrt dem Jäger Eingang in sein Werk und rächt sich damit für ausgestandene Unbequemlichkeit, Langeweile und den verhaßten ›Rauch des Tabaks‹, die er als junger Minister bei den Jagden seines herzoglichen Freundes und Herrn hatte ausstehen müssen.«

Perfall berichtet: »Ein schmaler Saumpfad führte aus dem Schlierseetal in die Höhe hinauf.« Den Pfad gibt es schon lange nicht mehr. Auch der uralte Skilift ab Josefsthal wurde längst demontiert. Seit den fünfziger Jahren führt eine Straße hinauf, die allerdings immer noch nicht ganz lawinensicher ist, trotz des Tunnelstücks. Ein Mensch wie Perfall, ein feinsinniger Beobachter von Natur, Tierwelt und Menschen, muss sich seinerzeit losgelöst gefühlt haben von der Erdenschwere des Talgrunds, wenn er den nur einen Quadratkilometer großen See nach einstündigem Aufstieg erreicht hatte. »Da kam allmählich der Friede über mich, der Friede des Sees, der Wiesen, des Weidenbaumes.« Friede über den nicht sehr hohen Gipfeln, den Giebeln der wenigen Alm- und Fischerhütten und jenes Häuschens, dessen Name, rätselhaft klingend, den Titel des erwähnten Jagdbuches bildet: »Auf der Wurzhütte.«

Die Schlierseer Chronik berichtet, in der Einsamkeit am Südufer habe sich ein Wurzelgraber und Schnapsbrenner niedergelassen, der den Almbewohnern, Holzknechten und »Vorüberziehenden« seine Erzeugnisse angeboten habe. »Außerdem wählten die Jäger die Wurzhütte als Stützpunkt.«

Der Freiherr von Perfall war einer von ihnen. Obwohl er zuvor schon von den norwegischen Fjorden bis Ungarn auf der Pirsch war, schwärmte er von diesem versteckten Blockhaus über alle Maßen: »In die Wurzhütte am Spitzingsee wollte ich, und im Paradies war ich gelandet. ...Tausendfaches Leben quillt aus allen Ritzen.«

Die alte Hütte steht noch genauso da am »schwarzen Bergsee, tannenumsäumt«. Fast schwarz sind ihre Balken geworden, die nach der dichterischen Darstellung nicht ein Schnapsbrenner, sondern ein »weltflüchtiges Liebespaar« errichtet hatte. Der »blaue Enzian, der ihr den Namen gab«, wird nach wie vor in flüssiger Form kredenzt. Gegessen wird gut bayerisch. Einen Anbau hat das Haus auch bekommen. »Und das Völklein, das es umgibt, trotzt noch immer dem Einfluß der Zeit.«

Das Völklein besteht freilich nicht mehr nur aus Holzern und Jägern, sondern überwiegend aus Wanderern und Skifahrern, für die Perfalls Mitteilung nicht mehr gilt: »Im Winter schläft die Hütte unter dem Schneehimmel, der sie dicht bedeckt.« Vielmehr stehen im oberen Stock ganzjährig 50 Schlafplätze bereit, mit Preisen von 50 bis 60 DM an der unteren Grenze des Retortendörfchens Spitzingsee mit insgesamt etwa 500 Betten angesiedelt. »Hinter ihr lag der Urwald, in endlosen Wellen.« Das nun wirklich nicht mehr. Hinter der Hütte liegt nur ein Schlagbaum über dem mautpflichtigen Sträßchen.

Weiter hinein, hinüber zum ebenso ehrwürdigen Forsthaus Valepp, dürfen nur bevorrechtigte Jäger und Förster mit dem Geländewagen fahren. Und Radler im Sommer. Im Winter dagegen wartet ein Pferdeschlitten am Brücklein vor der Hütte, die schönsten Langlauf- und Tourenrouten ziehen weiter hinein und hinauf ins Almenreich. Und auch dort treffen wir auf die Spuren des dichtenden Waidmannes. Etwa im Gebiet der Brecherspitze (1683 m) oder der Bodenschneid (1669 m) oder auf der Freudenreichalm, die »ihren Namen nicht umsonst hatte«. Als der 22-Jährige zum ersten Mal diese Hütte betrat, »stand sie in dem Ruf ausgesucht sauberer Sennerinnen«. Von den Schmalznudeln schwärmten noch spätere Semester, die bis aus Hannover immer wieder gern aufstiegen. Zu Zeiten der Gamsbrunft vor allem, Mitte November, war der Freiherr »tagelang bergauf« gegangen, um dem Wild nachzustellen und ein Stück Kulturgeschichte der Jagd zu schreiben (»ich mag noch waidwerken«).

Heute tummeln sich Tausende und Abertausende mit allen Arten von »Schneeschuhen« rund um den Spitzingsee, lassen sich von 19 Bahnen bergauf transportieren oder ziehen auch immer noch und sogar immer mehr eigene Spuren im Schnee – wie hier schon vor über hundert Jahren. Oder sie »winterwandern« einfach so dahin, denn der See kann ohne jegliches Gerät auf geräumten Wegen leicht umrundet werden.

Wer Einsamkeit und Natur ohne Beiwerk sucht, pirschend wie ein Jäger, der sollte ein Stück unterhalb der Freuden-reichalm, etwas abseits der verträumten Zipflwirt-Loipe, nach dem Wildfütterungsplatz Ausschau halten und weit genug entfernt warten. Dann könnte Literatur zur Realität werden: »Die Fährte führt zu einer braunen Hütte im Waldtal, ein Stadel daneben, aus deren offener Tür sommerliche Düfte wehen; ein Mensch mit schwarzem Bart füllt die rings stehenden Raufen mit rauschendem Heu. Wild-fährten kreuz und quer.« Irgendwann kommen schließlich die Hirsche und Rehe, raufen sich rund um die Raufen, »ganz im Hintergrund die Geweihträger, die gewichtig bedenklichen...«.

Vielleicht findet der Winterwanderer an der Wasserscheide zwischen Schlierseer und Tegernseer Tal auch noch jenen »Taferlbaam« (Baum mit Wegweiser), den unser Jagddichter als 1800 Jahre alten Urwaldriesen bewundert und – nach heutigem Geschmack – ein wenig komisch beschrieben hat. Eine Betbank sei davor gestanden, auf welcher eine Braut um »an Buam« gefleht habe, während der Bräutigam geflü-stert habe: »Stasi, Stasi« – es war wohl der Kosename der angebeteten Beterin. Für den Baron stand der Baum als Symbol der unendlichen Natur: »Armselige, und doch so hochmütige Zeit, was hat dein berühmter Zahn denn zer-malmt. Den nicht! Wotan sei Dank!«

Dass der Zahn der Zeit aber auch die Wurzhütte, die Ruhe und den Frieden rundum nicht verschonen würde, spürte der 59 Jahre alt gewordene Schriftsteller sehr wohl: »Weit und breit ist sie bekannt im ganzen Gebirgsstock, in Tälern und auf den Höhen, seit einigen Jahren leider noch weiter, zu weit für ihren intimen Reiz. Ja, sie ist nahe daran, eine alpine Berühmtheit zu werden.« Und er sinnierte, wie lange sie überhaupt noch stehen werde, »die alte, liebe Hütte«, die sich schon verdächtig zur Bergseite hin neige, unter dem Schneedruck. Vielleicht werde, wenn sie nicht mehr stehe, ein modernes Hotel hinkommen oder ein »Sanatorium für Nervenkranke«.

So ein schönes neues Hotel von Welt steht schon schräg gegenüber. Über dem Vollwertbuffet thront der unsterbliche Märchenkönig, ein Heiliger in Holz wacht vor dem Josefi-Stüberl, und neben dem kupferbeschlagenen Kamin gibt es auch einen Herrgottswinkel, wie in der guten Stube bayerischer Bauernhöfe. Ein bisschen viel Gold da und dort, auch ist manches etwas zu groß geraten wie der monströse, schmiedeeiserne Lüster, der wie ein Maulkorb für ein Mammut ausschaut. Wotan sei Dank, dass es ein paar Schritte weiter die kleine Hütte aus altem Holz noch gibt! Wie grüßt man doch hierzulande: »Servus, oide Hütt'n!«

Informationen:
Kuramt, 83722 Schliersee, Tel. 0 80 26/6 06 50, Fax –/60 65 20.

Literaturhinweise:
Die Bücher von Anton von Perfall sind im Parey Verlag erschienen.

Gedenktafel für Ludwig Steub am
»Wirtshaus zur Sebi« in Niederndorf

Vom Zipflwirt zum Tatzelwurm

Wanderungen auf den Spuren des Alpenerforschers Ludwig Steub (1812–1888)

Das bayerische Hochland ist fashionabel geworden.« Ludwig Steub, der dies 1869 schrieb, war für Oberbayern und das benachbarte Tirol das, was Theodor Fontane etwa gleichzeitig für die Mark Brandenburg war: empfindsamer Entdecker und geistreicher Beschreiber von Landschaften und Menschen, somit Wegbereiter einer neuen Völkerwanderung zu den Alpen, aber auch Kritiker eines beginnenden Mode-Tourismus.

Der hatte sich damals vor allem dort ausgebreitet, wohin Könige, Künstler oder reich gewordene Kaufleute zu reisen pflegten: am Tegernsee, am Schliersee bis hinauf nach Bayrischzell und ganz besonders – nachdem der Bayernkönig Max II. 1858 mit großem Tross den Wendelstein erklommen hatte – im Inntal zwischen Brannenburg und Kufstein.

»Auf den Spuren Ludwig Steubs« führen Wegtafeln, die ein Tiroler Verehrer des in Aichach bei Augsburg geborenen Schriftstellers, Notars und leidenschaftlichen Wanderers hundert Jahre nach dessen Tod, 1988, grenzübergreifend aufgestellt hat. Sie weisen zu meist versteckten Winkeln und urigen Wirtshäusern der Wendelsteinregion, die Steub in seinen Büchern beschreibt. Die Route lässt sich gut mit anderen, neu angelegten Wanderwegenetzen verknüpfen. Es sind Wege, die in alte Zeiten führen.

Oberaudorf, Autobahnausfahrt und Schnellzugstation, bietet sich als Ausgangspunkt an. Rund 4000 Jahre Geschichte erschließt dort zunächst der »Historische Pfad«, der in einem Faltblatt skizziert ist und einmal im Monat geführt wird. Binnen vier Stunden gelangt man vom Kulthügel, einem mutmaßlichen Opferplatz der Bronzezeit, bis zum Grafenloch, das wohl schon in der Steinzeit bewohnt war. Weitere Stationen: die Ruine Auerburg, die Kaiser Ludwig der Bayer 1329 bauen ließ, und der »Weber an der Wand«, eine an den Fels geklebte Gaststätte, die schon im 19. Jahrhundert von Künstlern und Fürsten, darunter dem russischen Zaren, besucht wurde.

Doch folgen wir nun den Steub-Spuren. Zunächst hinauf zu den Audorfer Almen, von denen der Dichter schwärmte, sie seien »im ganzen bayerischen Gebirg eigentlich das empfehlenswertheste Stück für das große Publicum, weil sie leicht zu begehen und nicht übermäßig lang, dabei lieblich, großartig, mit weiten Fernsichten und mit kleinen Schönheiten an der Hand gar reichlich ausgestattet sind«. Es kann noch gar nicht so lang her sein, dass Jäger oder Wilderer die Sennerinnen aufsuchten, denn an einer der Hütten fordert ein Schild, vor dem Eintreten die Gewehre zu sichern. Durch das noch wenig begangene Nesseltal führt der Weg hinunter ins Tal von Bayrischzell, wo beim abgeschiedenen Zipflwirt musiziert und übernachtet wird.

Anderntags steigt man hoch durch finsteren Wald, um an einer Forst- und einer Jagdhütte vorbei zu den teilweise verlassenen Hütten der Fellalm zu gelangen und auf dem Joch zwischen den Bergköpfen des Traithen eine Weile zu rasten. »Eine Almhütte«, hatte schon der Wanderer Steub erfahren müssen, »ist gewöhnlich so gelegen, dass ihr ohne Mühe und Beschwer nicht beizukommen ist.« Ihn hatte insbesondere der aufgeweichte »Tret« des Almviehs strapaziert. Danach aber geht es nur noch bergab, über Sudelfeld und Rosengasse hin »Zum feurigen Tatzelwurm«. Der so beschriebene Berggasthof war ein beliebter Treffpunkt wandernder Künstler, nachdem ihn Steub entdeckt und beschrieben hatte: »Auf dem Schild ist ein fabelhafter Drache, wie derselbe im Gebirge noch zuweilen gesehen werden will.« Auch Victor von Scheffel war einer der Stammgäste, an die ein kleines Museum im Haus erinnert.

Am dritten Tag wandert man – wieder nach Steub – durch ein »grünes Thal, das sich reich an Wies' und Wald, an Hütten und Höfen bis zum Innstrom hinauszieht; über diesen herüber aber schauen die wilden Kaiser, mächtig übereinanderwogend. Und damit keine Schönheit der Alpenwelt vermißt werde, ergießt sich ein höchst eleganter Wasserfall in eine schwindelige Tiefe, über welche eine hölzerne Brücke gelegt ist.« All das ist noch zu finden oder zu ergründen.

Als dritter bayerischer Ort im Bund der Steub-Stationen bietet sich Kiefersfelden dar. Über diese Grenze war der rechtskundige und reiselustige Münchner Bürger einst mit dem zum Griechenkönig bestimmten Bayernprinzen Otto und Gefolge ausgezogen ins ferne Hellas; eine neue gotische Kapelle erinnert an den Aufbruch, der unglücklich endete. Dieses und ein Dutzend weiterer Gotteshäuschen sind zu einem »Kapellenwanderweg« zusammengefaßt und in dem Buch »Kapellengeschichten« beschrieben.

An Steub indes erinnern zwei Besonderheiten »in der Kiefer«. Im Ort selbst sind es die Ritterspiele, das älteste deutsche Volkstheater, dessen Tiroler Hausautor Josef Schmalz unser Beobachter aus Bayern als »Bauern-Shakespeare« berühmt gemacht hat. Und dann das Wachtl. Nach mehrjährigem Dornröschenschlaf im Wald hat das Grenzgasthöfchen neue, junge Wirtsleute bekommen, die den alten Schlendrian hinausgefegt haben, die auch ihren alten Steub kennen und seiner Schilderung durchaus genügen: »Wirthin und Kellnerin sind gesangskundig und verstehen sich auf Almenlieder.«

Das Wachtl liegt allerdings schon hundert Schritt auf Tiroler Gebiet; über den Kieferer Bach steigt man, an der früheren Grenzbaracke vorbei, auf einer Eisenstiege hinauf. Zurück ins Dorf lässt sich an Wochenenden in der Sommersaison auch der touristisch aufgeputzte »Wachtl-Express« benutzen, eine an Werktagen zum Steinbruch fahrende Werkbahn.

Gern und oft waren der Weltmann Steub und seine Freunde von den bayerischen auf die tirolerischen Gestade des Inn gewandert. Sie bemängelten damals die Küche im heimischen Königreich, wozu sie heute kaum mehr Grund hätten, zumal derzeit das Preisniveau hüben ein bisschen niedriger ist als drüben. Auch hatte sich Steub oft über die Verkehrsverbindungen geärgert: Im Rosenheimer Bahnhof wurde er eingequetscht, und vor Bayrischzell bat er Bauersleute vergeblich um ein Gespann.

Und so sehnte sich der Tirol-Fan Ludwig Steub »nach dieser ersten Serie vaterländischer Reisebegebenheiten wieder ziemlich stark nach dem theuren Land der Glaubenseinheit. Dort findet der harmlose Wanderer nicht allein Litaneien, Rosenkränze und Andachten, sondern statt schlechter Biere gute Weine … sowie Freundlichkeit und Aufmerksamkeit des Empfangs und der Pflege.« Was so, wie gesagt, nicht mehr ganz stimmt.

Besonders gern hat Steub als Stützpunkt für seine 30 Jahre währenden Wanderungen durch »das Gebirg« das zwei Kilometer hinter der Grenze gelegene Wirtshaus zur Sebi im Tiroler Niederndorf aufgesucht, das er sogar in einem Roman (»Die Rose der Sewi«) verewigt hat. Zum Dank dafür hat der heutige Wirt, der Greiderer Schorsch, den knorrigen Kopf des »großen Dichters« mit Schnauzbart und Schlapphut in zweifacher Fertigung angebracht. Außerdem hat er ihm eine Wanderroute sowie ein Lied gewidmet, das er oft zur Harfe vorträgt:

> »Träumerisch und märchenhaft
> hat er Tirol genannt
> und geliebt mit ganzer Kraft
> unser schönes Land…«

Informationen:

Kurverwaltungen: 83080 Oberaudorf, Tel. 0 80 33/3 01 20, Fax –/3 01 29; 83088 Kiefersfelden, Tel. 0 80 33/97 65 27, Fax –/9 76 55 44; A-6342 Niederndorf/Tirol, Tel. 00 43/53 73/6 13 77, Fax –/6 11 80.

Literaturhinweise:

»Drei Sommer in Tirol« , dreibändige Neuauflage (Edition Tirol, Innsbruck); »Kapellengeschichten« von Evelyne Brandenburg (Burgh Verlag, München).

Hugo von Hofmannsthal

»Der Inn, die Berge im Silbernebel«

Auf Literatur- und Liebespfaden mit
Hugo von Hofmannsthal (1874–1929) in Neubeuern

Bürgermeister Jürgen Tremmel hat sehr wohl Grund, auf sein Neubeuern stolz zu sein. Daher führt er Urlaubs- und Ausflugsgäste am liebsten selbst über den historischen Marktplatz, der – zumindest in Bayern – seinesgleichen sucht, der immer wieder als Filmkulisse gedient und der 3800-Seelen-Gemeinde im oberbayerischen Inntal zweimal das Prädikat »schönstes Dorf Deutschlands« eingebracht hat. Einmal jeden Sommer wird der Platz – samt Pfarrkirche, Dorflinde und Brunnen (der Hans Carossa zu einem Gedicht angeregt haben soll), samt Fassaden mit Blumenschmuck und Lüftlmalerei – durch 10 000 Kerzen in den Fenstern beim Traditionsfest ganz und gar romantisch beleuchtet.

Der Bürgermeister, aber auch einige der Bilder, die unter den vorspringenden Dächern zu sehen sind, erzählen von 1210 Jahren Geschichte an diesem wichtigen Siedler- und Soldaten-, Säumer- und Schifferweg. Mit den Innplätten, die ihre Fracht und einmal sogar den Kurfürsten Max Emanuel mit großem Gefolge bis Niederösterreich transportiert hatten, waren Wohlstand und Schönheit gekommen. Zurzeit lässt Tremmel, der auch mit der berühmten Chorgemeinschaft des Enoch zu Guttenberg in alle Welt reist, einen Geleitzug im Maßstab 1:20 nachbauen – für das zukünftige Heimatmuseum, das auf die Innschifffahrt und die einst nicht minder einträgliche Mühlsteinproduktion von Neubeuern konzentriert werden soll.

Das Kapitel deutscher Literaturgeschichte aber, das in Neubeuern geschrieben wurde, bleibt den Teilnehmern der offiziellen Führungen vorerst noch verborgen. Es spielt im

Schloss, das seit etwa 1250 hoch über dem ohnehin schon auf einem Felsrücken über dem Inntal liegenden Dorf thront. Nur die Schlosskapelle von 1751 ist zweimal wöchentlich mit einer Führung zu besichtigen. Und der von Gabriel von Seidl erneuerte Mittelbau von außen. Der Park mit seiner grandiosen Aussicht ins Inntal indes und die Prunkräume mit Spiegeln und Lüstern, mit Holzschnitzwerk und teilweise vom Jugendstilkünstler Henry van de Velde gestaltetem Interieur sind nur mit Sondererlaubnis zugänglich. Internat, Tagesheim und Gymnasium gehören einer privaten Stiftung.

Im barockisierten Festsaal, der an Schlösser Ludwigs II. denken lässt, hatte von Dezember 1911 bis zum Ersten Weltkrieg alljährlich um Weihnachten die »Neubeurer Woche« namhafte Literaten versammelt, die damals so etwas wie nach dem Zweiten Weltkrieg die »Gruppe 47« bildeten. Neben anderen, inzwischen fast vergessenen finden sich im Gästebuch Namen wie Annette Kolb, Rudolf Alexander Schröder, Rudolf Borchardt, Carl Jakob Burckhardt, Henry von Heiseler, Eberhard von Bodenhausen und – vor allem – Hugo von Hofmannsthal.

Den »letzten Dichter des alten Europa« rief aber nicht nur der von Julie Freifrau von Wendelstadt, früher Hofdame der Königin von Württemberg, kultivierte Salon regelmäßig in »dieses Schloss mit seiner starken, bestimmten Kontur, diesen wundervollen Fleck Erde« (1906), sondern auch die Liebe zur Schwägerin der verwitweten Schlossherrin, Ottonic von Degenfeld. Im Winter wohnte die ebenfalls jung verwitwete Gräfin in einem blauen Zimmer am Ende eines »gräßlichen Corridors«, im Sommer im Gutshof Hinterhör, wo sich auch der Dichter bis zu seinem Tod am 15. Juli 1929 immer wieder für Tage oder Wochen einquartierte.

Auch das Konzept des Realgymnasiums entsprang im Wesentlichen dem Bild einer »neuen deutschen Schule«, wie es in Gesprächen dieser Schriftsteller diskutiert und vom späteren »Jedermann«-Dichter schon 1905 formuliert wurde. Im gleichen Jahr war übrigens auch Thomas Mann mit Schwester Carla in Neubeuern abgestiegen, um am 20. Juni in einem Brief zu berichten: »Neubeuern, von wo aus ich Dich grüße, ist ein kleiner, hauptsächlich von Malern besuchter Ort, nur wenige Stunden von München entfernt (mit dem italienischen Schnellzuge). Die Gegend ist stellenweise außerordentlich schön, aber die Zustände im Allgemeinen reichlich primitiv.« Der Großdichter fuhr denn auch gleich »ein bißchen südlicher«, nach Kufstein in Tirol, wo ihm auffiel, dass die Leute »Servus« statt »Grüß Gott« sagten.

Zurück zu Hofmannsthals Idealschule. Sie sollte 17-jährige Menschen formen mit »Selbstgefühl, Verantwortlichkeitsgefühl und Mut, Liebe zur Natur und zur Kunst, Achtung vor dem Bestehenden und Toleranz für das Werdende«. Französisch und Englisch, Winter- und Sommersport sowie »sexualmoralische Aufklärungen« sollten zum Lehr- und Beschäftigungsplan gehören. »Es darf weder das Element des preußischen Adels noch das etwa der Finanzwelt überwiegen«, forderte der Bankdirektorssohn aus Wien als zukünftige Erziehungsmaxime.

Das von 1925 von der Baronin Wendelstadt gegründete, mit dem Erlös eines Waldverkaufs »schön ausstaffierte Schülchen« (das später von den Nazis geschlossen und zu einer »Nationalsozialistischen Erziehungsanstalt« umfunktioniert wurde) hatte denn auch eher Söhne von Literaten als Schüler, etwa Michael Mann und Bernt von Heiseler, welcher das neuntürmige Schloss als »eine der stärksten Burganlagen« am Inn bedichtete und ein im Wirtshaus von Altenbeuern aufgeführtes Römerdrama verfasste. Nie war die Schule eine Lehranstalt für »jedermann«. Sie habe sich bis heute der Gemeinde gegenüber distanziert, weiß ein Hotelier. Das aber soll jetzt, unter neuer Leitung, anders werden; sogar Schlossführungen sind vorgesehen.

Verlassen wir aber das Schloss und folgen wir den Spuren des Dichters. Hinauf führt, wenn man man auf die Autoanfahrt verzichtet, eine grün umwucherte Stiege, die am Marktplatz, neben der Bäckerei, beginnt. Den schier alpinen Steig auf der anderen Hügelseite hinunter zum neuen Rathaus sollte man sich von einem der Schüler zeigen lassen, er liegt versteckt und ist beschwerlich. Die Wolfsschlucht dann links liegen lassend, geht der schwarz markierte, insgesamt 5,8 Kilometer lange Rundweg E zunächst nach Altenbeuern und weiter, am denkmalgeschützten Mühlsteinbruch vorbei, zum einsamen Hinterhör. Das alte Gutshaus ist äußerlich hübsch anzusehen, im Innern aber vollständig sanierungsbedürftig und derzeit nur vom Verwalter eines Zementwerks bewohnt.

Aus der Korrespondenz zwischen Hugo von Hofmannsthal und Ottonie Degenfeld – der Band darf wohl zu den schönsten Sammlungen von Liebesbriefen gezählt werden – lässt sich immerhin erahnen, was Hinterhör tatsächlich für die Literatur bedeutet. Man stelle sich vor: das »gelbe Zimmerl« der Gräfin (sie starb erst 1970 und wurde von vielen, die bei ihr Zuflucht fanden, betrauert), die hier deponierten Kunstwerke aus dem zeitweiligen Besitz des oft so fernen Freundes (ein Selbstporträt Picassos, eine Landschaft von Hodler, ein antiker Paravent aus Japan), die vielen Bücher, die er ihr schickte oder empfahl, dazu all die vor Esprit und Erotik knisternden Briefe, die bis aus den Bergen Marokkos ins versteckte Hinterland des Inntals gelangten.

Immer und überall dachte Hofmannsthal an Hinterhör, an sein »kleines thüringisches Fräulein«, das ihn einmal als »sehr lieber Rosenkavalier« anschrieb. In ihrem Sommerdomizil waren »so viele meiner wichtigsten Pläne und Entwürfe« entstanden, in der Hauptsache sein vermächtnis-

126

haftes Spätwerk »Der Turm«, Teile der Komödie »Der Schwierige« und des »Salzburger Großen Welttheaters« sowie die Libretti zu den Richard-Strauss-Opern »Ariadne«, »Die ägyptische Helena« und nicht zuletzt zum »Rosenkavalier«, woraus er auf Schloss Neubeuern erstmals vorlas, bevor das Stück im Februar 1910 in Berlin uraufgeführt wurde. Inszeniert hatte es Max Reinhardt, der 19 Werke von Hofmannsthal auf die Bühne brachte.

Gedanken dorthin hatte der Dichter sogar mitten in der Arbeit, er hat sie »zwischen den Zeilen von ›Jedermann‹ in die Luft geschrieben und wieder begraben« (das Mysterienspiel vom Tod des reichen Mannes wurde am 1. Dezember 1912 im Berliner Zirkus Schumann uraufgeführt). Im Oktober 1915, irgendwo als Soldat, träumte Hofmannsthal, der Friede werde »eine unsagbare Erlösung sein, wenn alles dieses Eiserne von der Seele fallen wird« – und im selben Atemzug die Vorstellung: »Wir gingen von Hinterhör ein paar Schritte gegen die Bibiane hin, wir hätten einen Band von Hölderlins Gedichten mit, wir sprächen so gut, wären einander so nah...«

Die Bibiane war eine alte, weise Bäuerin in der Nachbarschaft, »deren Stärke alle, die sie aufsuchten, tief beeindruckte«. So erinnert sich Ottonies Tochter Marie Therese, die den Briefwechsel zwischen ihrer Mutter und dem Dichter herausgegeben und soeben ins Englische übersetzt hat. Die Komtess, die im Sommer 1998 ihren 90. Geburtstag auf dem Schloss nachfeierte, ist durch Heirat Amerikanerin, lebt im Winter in Barbados und im Sommer in Nußdorf, einer Nachbargemeinde von Neubeuern. Wenn auch der beschriebene und oft besuchte Bauernhof nicht mehr ist, so weiß die alte Dame doch noch etliche Wege, die sie zusammen mit der Mutter, von der sie noch mit zwölf »Baby« genannt wurde, und mit Hugo, wie sie ihn als Kind nannte, gewandert war.

Rundweg E führt zufälligerweise genau dorthin, wo der als Lyriker (»Vorfrühling«) früh Verstummte das »blaue Auge Gottes« gesehen hatte: Zwischen den Weilern Holzham und Scheuern steigt ein Pfad hinauf zum Waldrand, wo viele Enzianbecher – »Schusternagerl«, sagt die Komtess, die an ihrer Haustür nur »Mrs. Miller« stehen hat – die Wiese blau gefärbt haben. Auch außerhalb der Blütezeit lohnt der kleine Abstecher, wegen einer Aussicht, die der Dichter in der fernen Steiermark nachempfand:

> »Sehr lieb habe ich die Landschaft des südlichen Baierns, mit der Kette der Alpen am Rande, da sah ich gegen Kufstein und dachte an unsere schöne Wagenfahrt und das Gehen zusammen, wo Sie mir so viel erzählt haben von den Schicksalen ihrer Brüder und Verwandten.«

Während einer Autoreise mit Richard Strauss in Italien schrieb der Autor voll Sehnsucht: »So weit von einander? Unverbindbar? Liebe Ottonie! Wo Sie heute herumgehen? Am Inn? Müde? Ein bißchen Märzmüdigkeit ist in der Luft, im Wind, in der Sonne – hier und überall.« Auf dem Auweg am Inn waren sie oft spazieren gegangen, erinnert sich Marie Therese. Über die viel besuchte Hachlalm steigt man hinab und erklimmt am Altwasser den Inneren Inndamm; am Freibad kann man in kleinerem oder – entlang der ehemaligen Soleleitung am Steinberg – größerem Bogen nach Neubeuern zurückkehren.

Man könnte aber auch, am jetzt regulierten und stromabwärts zweimal aufgestauten Inn entlang, 3000 Schritt weitergehen bis Nußdorf. Von dort aus waren sie, Gräfin, Tochter und Freund, gern aufgestiegen zum Heuberg, über die idyllische Einsiedelei im Kirchwald, deren dramatische Geschichte Carl Oskar Renner in einem Roman geschildert hat. »Baby« kann es noch genau beschreiben: »Bei drei Viertel der Strecke zweigt links ein Weg auf die Mailad ab, links liegt das schöne Jagdhaus.« Es gehört immer noch der Familie. Am 7. Januar 1911 »musste« Hofmannsthal mit Herrn Heiseler irgendwo dort Schlitten fahren: »So strahlend schön, der Inn und die Berge in einem silbernen Nebel.«

Informationen:
Verkehrsamt, 83115 Neubeuern, Tel. und Fax: 0 80 35/21 65, Schlossbesichtigung: Tel. 0 80 35/90 62 45. Kulturpauschalen an den Wochenenden im Frühjahr und Herbst mit Schlossbesichtigung, einer Wanderung »zu den Stätten, die Hugo von Hofmannsthal tangiert haben« und einer Busfahrt nach München zum Besuch eines Konzerts des Guttenberg-Chores (Direktbuchung: Tel.: 0 80 35/24 56, Fax –/13 12).

Literaturhinweise:
Hugo von Hofmannsthal – Ottonie Degenfeld. Briefwechsel (S. Fischer); Geschichte der deutschen Dichtung (Matthiesen Verlag).

Gustav Meyrink (1868–1932)

»Gleichwie der Inn fliest alls dahin«

Wasserburg – tausendjähriges Symbol
in der Sicht vieler Künstler

Natürlich heißt der Platz »Schöne Aussicht«, und natürlich sollte man von dort oben die vom Inn und seinem Steilufer einzigartig umringte Altstadt erst einmal gänzlich in sich aufnehmen, bevor man über den Kellerbergweg hinabsteigt zur Roten Brücke. Seit tausend Jahren, seit drüben die »Wasserpurg« der Salzgrafen gebaut wurde, hat dieses Panorama die Dichter und Maler ganz besonders fasziniert – und später natürlich auch unzählige Fotografen und Touristen.

»Drüben, wo steil das Ufer fällt, ist das Städtchen bunt hingestellt«, reimte Eugen Roth. Bunt – das ist das Stichwort, und es stimmt auch wieder, nachdem die mittelalterlichen Fassaden am Fluss fast vollständig einen frischen Anstrich bekommen haben, von Haus zu Haus unterschiedlich getönt. »Überrascht« hatte der malerische Charakter den Schriftsteller Werner Bergengruen, der 1933 mit dem Fahrrad aus Berlin hergereist war. »Ich kann nicht ahnen, welche Farbenherrlichkeit ich mit dieser Stadt betreten habe.« Seit eine Umgehungsstraße die enge Stadt vom Durchgangsverkehr entlastet und die schweren Lastautos nicht mehr das freskengeschmückte Brucktor bedrohen, ist das Wasserburger Entree wieder so großartig wie in früheren Zeiten. Und rechts von der immer wieder aufgebauten oder sanierten Brücke legt im Sommer sogar wieder ein Ausflugsschiff ab, das aber nicht weiter kommt als bis zum zwölf Kilometer entfernten Wehr.

»Düüt! von der Roten Brücke. Im Torturm gefangen ein Monster grollt.« So dichtete Uwe Dick, der auch historische

Texte über Wasserburg in seine lyrische Sprachverarbeitungsmaschine eingespeist hat. Das Monster ist so imaginär wie das im Torturm eingerichtete »Erste Imaginäre Museum«, eine Sammlung von Repliken weltbekannter Gemälde, hergestellt nach einem speziellen Wasserburger Verfahren. Nur hundert Schritte sind es bis zur Frauenkirche, auch sie ein mystischer Ort. Gustav Meyrink, der den gruseligen »Golem« erschuf, hat sie und die ganze »inselgleiche« Stadt 1921 in seinem Roman »Der weiße Dominikaner« verewigt: In gewissen Nächten soll die Kirche der Sage nach einen weißen Schatten auf den Marienplatz werfen. Hinter dem gotischen Gnadenbild ist eine Stadtansicht aus dem 17. Jahrhundert zu sehen.

In jener Zeit hatten zwei wortgewaltige Männer die noch lange sehr reiche Stadt, die der Handels- und Kriegshafen von München war, gleichsam zum Brennpunkt der Geschichte verdichtet. »An diesem strengen Fluß hat sich der Siegeslauf der Schweden und Franzosen gestoßen«, berichtete der Regimentsschreiber Hans Jakob Christoffel von Grimmelshausen, Verfasser des »Simplicius Simplicissimus«, gegen Ende des Dreißigjährigen Krieges vom Ort des Geschehens. Und der Barockprediger Joseph Raisberger, genannt Jordan von Wasserburg, machte seine Heimatstadt gar zum Gleichnis: »Gleichwie der Inn fliest alls dahin.« Und: »Ein Wasserburg ist diese ganze Welt.«

Viel Symbolik, vom erhöhten »Flussbett« bis zum zerborstenen Wrack, findet der Spaziergänger auf dem Skulpturenweg. Er führt an der Innschleife entlang rund um die Altstadt, wo noch weitere Sehenswürdigkeiten zu besichtigen sind. Um nur einige zu nennen: das Rathaus mit Pranger und prächtig ausgemaltem Festsaal, das Heimatmuseum mit Erinnerungen an die große Zeit der Innschiffahrt oder die das Stadtbild beherrschende Jakobskirche mit dem bunten »Lebensbaum«.

Gegenüber, im Eckhaus an der Färbergasse, hatte sich Wolfgang Amadeus Mozart mindestens zehnmal einquartiert, weil er hier »unvergleichlich bedienet« wurde; als er wieder einmal mit Mama von Salzburg über Waging und Stein anreiste und im (nicht mehr existenten) »Stern« wohnte, schrieb der Musikus (»ich sitze da wie ein Prinz«) dem Rest der Familie »eine kleine Reisebeschreibung« mit der Empfehlung, man möge doch auch daheim »brav lachen und lustig sein«.

Am Ende des von den Wasserburger Künstlern gestalteten Rundumweges auf dem Inndamm, der heute die einst gefährlichen »Tiroler« (so nannte man die Eisschollen) von den Häusern abhält, stößt der Stadtwanderer auf ein ziegelrotes, von überwucherten Gleisanlagen umgebenes Gebäude. Das war einmal der Bahnhof Wasserburg-Stadt. Oskar Maria Graf hatte hier seinen (später von Fassbinder verfilmten) »Bolwieser« gefunden: einen biederen, von der Frau betrogenen und dennoch ihre Unschuld vor Gericht bezeugenden Bahnhofsvorstand. Das Original hatte ihm sein Freund Dr. Hesse benannt, als man zusammen mit der Fähre den Inn überquerte. Jener Dr. Hesse besaß hoch über dem Fluss ein »nicht allzu großes Biedermeierschlößchen, traumhaft gelegen mit seiner verwachsenen breiten Einfahrtsallee«. Dort trafen sich einst viele Künstler, darunter Mitarbeiter jenes »Simplicissimus«, dessen Name dem zehnbändigen Werk des Abenteurers Grimmelshausen entlehnt wurde.

Das Schloss musste vor Jahren einem Krankenhaus weichen. Aber in dessen Müllecke fand der dort Zivildienst leistende Dirk Heißerer einen Stein mit der Aufschrift »Ahoi, Ringelnatz! 17. XI. 34«. An diesem Tag war der Sachse Hans Böttiger, der sich als Schwabinger Dichter »Ringelnatz« oder auch »Kuttel Daddeldu« nannte, in Berlin an Leberschrumpfung gestorben. Freunde aus Wasserburg,

133

Oft zu Besuch in Wasserburg gewesen:
Joachim Ringelnatz (1883–1934)

wo Ringelnatz oft und gern war, hatten ihm den Findling gewidmet; er ruht jetzt wieder sichtbar am Wegesrand. Finder Heißerer indes veranstaltet jetzt, zweimal im Jahr, Wanderungen durch die malerische und – mehr noch – literarische Wasserstadt, wo übrigens schon der Stadtschreiber Joseph Heiserer anno 1819 »über Menschengedanken schon gebildete Wandergesellschaften« vermeldet hatte.

Informationen:
Verkehrsbüro, 83512 Wasserburg, Tel. 0 80 71/1 05 22, Fax –/4 06 01.

Literaturhinweise:
Grimmelshausen: »Der seltsame Springinsfeld«; Werner Bergengruen: »Deutsche Reise«, Oskar Maria Graf: »Einer gegen alle«; Uwe Dick: »Monolog eines Radfahrers: Überlebensprosa«.

Das Bildnis der Trostbergerin Helene Sedlmayer, das Josef
Stieler 1831 für die Schönheitengalerie König Ludwigs I.
im Münchner Schloss Nymphenburg malte

Fluss der Dichter und Ritter

Im Alztal trotzen Natur und Kultur
der vordringenden Industrie

Wenn die »Leinen los« sind am Chiemsee, ist an dessen Nordspitze, in Seebruck, allerhand los. Dann setzt sich eine ganze Flotte von Segelbooten im größten Yachthafen am »bayerischen Meer« in Bewegung, zahllose Surfer kurven in weiten Bögen um die Fahrgastschiffe, die pausenlos zu den prominenten Inseln pendeln. Morgens schon werden Hafenkonzerte geboten, abends Lampionfeste, Almtänze oder Aufführungen von Dorfbühnen aus der Gegend; eine spielt schon seit 1854 den »Hamlet« in bayerischer Nachdichtung: »Mi leckt, da kimmt des Gspenst scho wieder.«

In einem der schönsten Gasthöfe von Seebruck erinnert ein gemütliches Stüberl mit historischen Bildern an einen der bekanntesten bayerischen Dichter: Ludwig Thoma hatte in der aus dem Jahr 1501 stammenden »Post« zwei Jugendjahre verbracht und etliche seiner »Lausbubengeschichten« erlebt. 1892, als der frisch promovierte Doktor der Jurisprudenz am Kgl. Bezirksgericht Traunstein praktizierte, hatte seine Mutter den Gasthof für 65 000 Mark gekauft und mit ihren beiden anderen Kindern die Posthalterei betrieben.

Vor den Bajuwaren hatten schon die Kelten und die Römer an dem Ort, der damals »Bedaium« hieß, ihre Spuren hinterlassen. Über tausend Ausgrabungsstücke sind nun im ganzjährig geöffneten Römermuseum zu bewundern, ein Mauerrest des Kastells wurde am Rande des Friedhofs der Pfarrkirche, wo auch Angehörige der Familie Thoma begraben sind, freigelegt.

Eine hölzerne Brücke hatte – davon zeugen Pfähle – schon im Altertum über die Alz geführt; immerhin kreuzten sich hier zwei wichtige Straßen, wovon die eine von Salzburg nach Augsburg führte. Der Fluss ohne Quelle verlässt in Seebruck den Chiemsee. Er führt, von einem Wanderweg begleitet, schon nach wenigen hundert Metern weg von der Hektik des Hafens, hinein in eine Landschaft, die sich seit Jahrhunderten kaum verändert hat. 63 Kilometer mäandert er durch den Moränenzug des letzten Eiszeitgletschers, umspült Schilfinseln, durchfließt beschauliche Städtchen, passiert einsame Bauernhöfe, Bootshäuser, Buchenwälder, berühmte Kirchen und eine berüchtigte Burg. Und fällt am Ende doch dem energiehungrigen Moloch Industrie zum Opfer.

Es gibt viele Möglichkeiten, dieses Natur-Kultur-Paradies – dort, wo es noch intakt ist – zu entdecken. Ab 15. Juli bis September, wenn die vielen Wasservögel nicht mehr brüten, treiben mehrmals wöchentlich Flöße von Seebruck die neun schönsten Kilometer flussab bis Truchtlaching, das der Landrat von Traunstein als »beispielhaft in der Dorferneuerung für ganz Oberbayern« gewürdigt hat. Intensiver noch und doppelt so lang ist das Erlebnis mit dem Paddelboot, das weiterfährt durch das wildschöne Hölltal, wo ein Wirt frische Fische feilhält, bis zu den Felskaskaden vor Altenmarkt. »Lebensgefahr«, warnt der Kanuführer. Doch kurz vorher lädt eine lauschige Badebucht, wo Buben tarzangleich von Bäumen springen, zum Landen.

Das Alztal ist aber ebenso gut zu Fuß oder mit dem Fahrrad zu durchwandern, allein mit guter Landkarte oder geführt mit Gruppen. Manchmal stößt man auf Angler, auf Hobbymaler, auf Uferstücke voller Poesie und irgendwo auf einen Fährmann und Wirt, der seinen Kahn, beladen mit Wanderern oder mit bis zu fünf Rädern, per Seilzug sicher zum anderen Ufer lotst.

Doch wie immer man sich dem Fluss auch nähert, da und dort sollte man sich wieder ein kleines Stück von ihm entfernen. Denn das Alztal hat viele Attraktionen. Beherrschend über dem grünen Grund und dem Dachgewirr von Altenmarkt: die Baumburg, deren romanische Türme mit den seltsamen Zwiebelhauben nichts von der barocken Pracht im Innern dieser Stiftskirche verraten. Vom Augustinerkloster selbst ist, gottlob, wenigstens noch die urige Schenke übrig geblieben. Kleiner und feiner: die Rokokokirchen von Feichten (mit uralter Marienwallfahrt), Margarethenberg und Kirchweidach. Renoviert wurde das gotische Gotteshaus von Neukirchen an der Alz, wobei Fundamente von 1100 freigelegt wurden – wohl das Bauwerk eines Rittergeschlechts.

Völlig saniert ist jetzt, mit Geldern des Freundeskreises, die größte Höhlenburg Deutschlands in Stein. Wo sich die Traun der Alz nähert, sind sieben Gemächer in den 50 Meter hohen Nagelfluhfels geschlagen. In ihnen soll der Raubritter Heinz von Stein – der 1997 verstorbene Schriftsteller Carl Oskar Renner hat einen Roman über ihn veröffentlicht – im zwölften Jahrhundert gehaust haben, er soll Mädchen auf Frauenchiemsee geraubt und Gefangene in den 25 Meter tiefen, mit Messern bewehrten Brunnen geworfen haben. Heute herrscht hier eine Schlossbrauerei, den geschreckten Besuchern zur Ablenkung.

Lieblichere Erinnerungen birgt das Städtchen Trostberg, insbesondere in seinem Heimatmuseum. In dessen Biedermeiersaal finden Hochzeiten statt; über dem Tisch des Standesbeamten lächelt das Fräulein Sedlmayer, eine Trostbergerin, die König Ludwig I. für seine Schönheitengalerie malen ließ (das Original hängt im Schloss Nymphenburg), und in der Ecke steht sinnigerweise eine Wiege. Im Schützensaal werden Konzerte veranstaltet, mit demselben Clavichord, einem Saiteninstrument mit Tasten, auf dem schon Mozart gespielt haben soll. (Salzburg liegt hier näher als München, und die Alz war einmal ein Grenzfluss zwischen zwei Fürstentümern).

In einem Einödhof bei Poing, der vom Wasserschloss der Alzgrund-Ritter übrig geblieben ist, kann der besinnliche Wanderer wiederum literarische Entdeckungen machen. Hier lebte der Augustiner-Chorherr Johann Albert Poyßl, einer der großen bayerischen Barockdichter. In seiner »Anathomia Teutschlandts« hat er das vom Dreißigjährigen Krieg zermürbte Volk zum Wiederaufbau des Landes aufgerufen: »Laß doch erwekhen dich.« Auch hatte sich in diesem Haus der antifaschistische Schriftsteller Fritz Reck-Malleczewen aus Ostpreußen zurückgezogen; er wurde am 24. Februar 1944 im KZ Dachau durch Genickschuss »liquidiert«.

In seinem »Tagebuch eines Verzweifelten« hat dieser Prophet nicht nur den »Kleinleutemachiavell« Hitler und seinen Anhang für den »deutschen Wahnsinn« verantwortlich gemacht, sondern auch schon die Zerstörer der Natur: »Ich zittere um jeden Baum und jeden Wald, der verschwindet, um jedes stille Tal, das man entweiht, um jeden Flußablauf, den diese Industriepiraten, die wahren Herren des Landes, bedrohen.« Von der Entfremdung der Menschen dieses bäuerlichen Landes durch die vordringende Industrie berichtete später Franz Xaver Kroetz, der bei Altenmarkt wohnt, in seinen Protokollen »Chiemgauer Gschichten«.

Bald hinter Trostberg, bei Hart, wird die Alz plötzlich zum Industriefluss. Eine Kette von Kalkstickstoffwerken, Kleinkraftwerken, Kanälen, Stauseen beraubt sie ihrer wilden Freiheit und Schönheit. Wo vor der Einmündung in den Inn bei Marktl aus wasserwirtschaftlichem Sachzwang noch ein Naturschutzgebiet »Untere Alz« gerettet werden konnte, breitet sich im Sommer ein dicker Algenteppich über einer braunen Brühe aus. Bisher vergeblich bemühten sich Natur-

schützer und Bürgermeister um mehr »Restwasser«, damit
Auwälder und Fische – 200 Zentner hat Johann Schneider-
meister früher alljährlich nach München und Rosenheim
geliefert – überleben können. Wie schrieb doch Ruth Rehmann, eine weitere Dichterin der Alz, die es aus Berlin
hierher verschlagen hat: »Flüsse sterben langsam und heimlich. Vielleicht klagen sie, aber man versteht sie nicht.«

Informationen:
Tourismusverband Chiemgau, Ludwig-Thoma-Str. 2, 83276
Traunstein, Tel. 08 61/5 82 23, Fax –/6 42 95. Radwanderun-
gen entlang der Alz mit verschiedenen Zielen veranstaltet
Baumanns Radwander-Touristik, Salzburger Str. 13, 83071
Rosenheim, Tel. 0 80 31/73 75 00, Fax –/73 75 01. Für Radler
neu angelegt wurde der 42,5 Kilometer lange »Klosterweg«
(Altenmarkt, Seeon, Frauenchiemsee, Seebruck, Trucht-
laching, Seeon).

Literaturhinweise:
Lilian Schacherl: »Der Chiemgau« (Prestel); Hans Heyn:
»Chiemgau« (Rosenheimer); Ruth Rehmann: »Die Leute
im Tal« (Ehrenwirth); Franz Xaver Kroetz: »Chiemgauer
Gschichten« (Kiepenheuer).
Allgemeine touristische Hinweise finden sich bei Heinrich
Bauregger: Wanderführer Chiemgau (Bergverlag Rother)
sowie im Radwanderführer Chiemgau (Stöppel).

Geschichtsschreiber, Rechtsgelehrter, Professor
und Dichter: Felix Dahn

»Dann atme und lebe ich Poesie«

Mit Felix Dahn (1834–1912)
auf Frauenchiemsee

Oft saßen die jungen Maler und Studenten auf der Klostermauer, zwischen den breitblättrigen Bäumen versteckt, auf der Lauer, »bis die Nönnlein und die hier erzogenen Welttöchter paarweise von einer alten Schwester in den Garten zum Lustwandeln geführt wurden«. Die leicht lasterhafte Lausbubengeschichte stammt nicht etwa von Ludwig Thoma, der sich gleichfalls auf dieser Insel herumgetrieben und ihren »tiefen Frieden« gepriesen hatte, sondern von Felix Dahn, der den deutschen Bildungsbürgern so kolossale historische Werke wie »Ein Kampf um Rom« hinterlassen hat. Wie den Münchner Malern, denen damals die Stadt »zu schuftig« erschien, so erging es dem höchst erfolgreichen Schriftsteller, Historiker und Rechtsprofessor: »Wie sehnte ich mich jedes Sommerhalbjahr seit 1850 aus der Stadt hierher!«

Über ein Jahr insgesamt, rechnete Dahn in seinen Erinnerungen zusammen, verbrachte er im Chiemgau. König Ludwig I. hatte den Hamburger an sein Nationaltheater geholt. Der Einödhof Aisching oberhalb von Gstadt war sein Feriendomizil. Dreimal hat er mit Freunden den Weg von der Münchner Königinstraße zum Chiemsee zu Fuß bewältigt – aber auch mit der Postkutsche brauchte man damals 23 Stunden bis nach Weißham, der dem Chiemsee nächstgelegenen Poststation vor Prien. Spätabends klopften die Wanderer aus der Residenzstadt die alte Huberin in Gstadt aus dem Bett und ruderten in ihrem Einbaum hinüber zur Fraueninsel, »wo wir die Maler beim letzten Glas Bier noch antrafen«.

Heute geht die Anreise bequemer und schneller vonstatten. Prien hat eine Autobahnausfahrt, die schnellsten Züge halten und haben Anschluss an zwei gemütlich bummelnde Lokalbahnen, im Hafen von Stock legt im Sommer halbstündlich, im Winter stündlich ein Schiff zu den Inseln ab. Doch was die Maler und Dichter drüben auf »Frauenwörth« sahen, aufzeichneten und – so die Chronik – ab 1841 »zur Kenntnis der übrigen Erdteil« brachten, das hat die Zeiten im Wesentlichen unverändert überdauert.

Viele Jahrhunderte grüßen den Ankömmling mehrfach: das Kloster Frauenchiemsee mit der romanischen Basilika und dem achtkantigen Zwiebelkuppelturm, Wahrzeichen des Chiemgaus und geschichtliche Kernzelle Altbayerns, um 850 vom Bayernherzog Tassilo III. gestiftet; die mit wertvollsten Engelfresken und karolingischen Kunstschätzen geschmückte Torhalle, der älteste Hochbau Süddeutschlands; die wohl tausendjährigen Linden auf dem höchsten Punkt mit einem Anger rundum, dem einzigen unbebauten Grundstück des 600 Meter langen und 300 Meter breiten Eilands; die niedlichen Häuschen und Gärtchen der 175 Insulaner, die immer noch als Fischer, Gärtner, Keramiker oder sonstige Handwerker oder Künstler arbeiten; und schließlich ein schöner Friedhof mit namhaften Gräbern.

Genau 600 Jahre alt ist nun auch das Gasthaus »Zur Linde«. Von dessen »unglaublicher Wohlfreiheit« schwärmte Felix Dahn noch am Lebensabend in Breslau (wo der Wahlbayer gelegentlich »Schuhplattl getanzt« und aus dem Stegreif Schnaderhüpfl gemacht hat, um »ehrwürdigste Geheimräthinnen« zu erschrecken). Unter uralten Linden am Ziehbrunnen vor dem Wirtshaus war es ihm und anderen »leichtbeuteligen Gästen gar wonesam zu sinnieren, umsäumt von ungezählten Bienen«.

Heute ist der Ruhe suchende Gast, in der Hochsaison und tagsüber jedenfalls, umsäumt von ungezählten Touristen.

Im Biergarten und in den etwas zu vornehm renovierten Gaststuben ist oft kaum ein Platz zu ergattern. Dicht drängen sich die Leute auch in den Gässchen, wo das Radfahren im Sommer verboten ist. Neuerdings beklagen sich die Insulaner über den Kahlschlag von alten Bäumen, die Asphaltierung von Wegen, die Kunststoffboote und die große Satellitenschüssel. Immerhin hatte schon Dahn den Verlust jungfräulicher Einsamkeit in den späteren Jahren beklagt: »Dafür ergoss sich, zumal seit der Herstellung der Eisenbahn von München über Rosenheim bis Prien, der civis Monacensis vulgaris mit Weib und Kind in ungezählten Stücken auf und über das schmale Eiland, auch um der fabelhaften Billigkeit willen, welche nun freilich bald zur Fabel ward.«

Wenn es nicht gar zu dick kommt, öffnen die sieben Fischer gern ihre Vorgärtchen und Stübchen für Gäste, lassen sie beim Räuchern der Renken zuschauen und servieren ein Bier zum frischen Fisch. Auch der Steckerlfisch ist nach wie vor begehrt, so wie ihn Dahn (der selbst die Kunst des Angelns »in höchst beträchtlicher Tiefe« beherrschte) in seinem Roman »Vom Chiemgau« auftischt: »Fische, schon ausgeweidet und zum Behuf des Backens auf lange spitze Stäbe gesteckt, wurden in bunten Mengen herangefahren in allen Arten, welche das reich nährende tiefe Gewässer bot.« Die Geschichte spielt in der Zeit der Völkerwanderung, als die Insel ein heidnisches »Weih-thum« war, jedenfalls in der Phantasie des Dichters: »Eine silberhaarige Priesterin waltete dort, ihrer Verehrung dienend, umgeben und unterstützt von zwölf Jungfrauen aus den edelsten und angesehensten Geschlechtern der Bajuvaren.«

So ähnlich, wenn auch unter christlichem Vorzeichen, mag es noch lange gewesen sein, nachdem die Dame Irmingard, Tochter Kaiser Ludwigs des Bayern und Urenkelin Karls des Großen, im 9. Jahrhundert den Abtstab und die königliche

Krone bekommen hatte. Die heutige Äbtissin, Domitilla Veith, stammt nicht aus dem Bajuwarenland, sondern aus Breslau, war viele Jahre in Amerika und leitet das Kloster zwar nach den Regeln der stets gastfreundlichen Benediktiner, aber nach modernen betriebswirtschaftlichen Erkenntnissen.

Von den einst hundert Nonnen sind noch 38 mit dauernder Bindung übrig geblieben, darunter eine Chinesin und zwei Ungarinnen. Und 1997 haben auch die letzten 88 der einst 250 »hier erzogenen Welttöchter« das Kloster verlassen, nachdem erst das Gymnasium und dann auch die Sozialfachschule geschlossen werden musste. Der von König Ludwig I. erteilte Auftrag war finanziell nicht mehr zu verkraften. In den Räumen finden jetzt Gesundheitsseminare, Meditationskurse und »Urlaub im Kloster« statt; auch bosnische Flüchtlinge wurden aufgenommen, so wie schon Flüchtlinge des Dreißigjährigen Krieges hier eine Zuflucht gefunden hatten. Das Klostercafé hat eine Brauerei übernommen. »Wir hatten nur touristische Laufkundschaft«, bilanziert die Äbtissin, die das einzige Inselkloster Bayerns überhaupt bedroht sieht: »Die Neueintritte können die Sterbefälle nicht ausgleichen.«

Nicht der Sommer mit den allzu vielen Inselbesuchern gibt Frauenchiemsee jene Stimmung, die Felix Dahn so empfand: »Dann atmete und lebte ich Poesie und brauchte sie nicht zu dichten.« Der Herbst und auch der Winter, das sind die Jahreszeiten, von denen Chiemsee-Kenner schwärmen. Dann erst werden Stille und Schönheit einer uralten Lebenszelle zwischen dem weiten Wasser und den nahen Bergen voll erlebbar. Die Ökologie würde eine nebensaisonale Belebung ertragen, die Infrastruktur würde sie ermöglichen.

Von 110 »Winterbetten« und einem begünstigten Klima (die im 80 Quadratkilometer großen Chiemsee gespeicherte

Wärme mildert die Fröste) berichtet der Bürgermeister der kleinsten Gemeinde Bayerns. Ständig sind zwei Schiffe im Einsatz, auch wenn es sich nicht rentiere, verrät der Chiemsee-Reeder. Wunderschön sei es im Winter, sagt auch die Äbtissin, deren Schwestern dann außer der Kräuterlikördestille auch eine Lebkuchenbäckerei betreiben und die berühmte Barockkrippe zur Schau stellen. Auf einem ebenso alten Herd braut indes die Lindenwirtin Glühwein nach einem Hausrezept, und in jeder der Stuben wärmt ein wunderschöner Kachelofen – eine andere Heizung gibt es nicht – die wenigen Wintergäste der Insel »so wonesam«. Die Lauer auf der Mauer lohnt nicht mehr, die Überfahrt dagegen sehr.

Informationen:
Kurdirektion, 83209 Prien am Chiemsee,
Tel. 0 80 51/6 90 50, Fax –/69 05 40.

Literaturhinweise:
Felix Dahns Erinnerungen und andere Bände sind erhältlich in der Leihbücherei im Haus des Gastes in Prien. Ein Text von F. Dahn ist, neben vielen anderen, abgedruckt im »Lesebuch aus der Provinz Chiemgau« von Hans Hey (Rosenheimer).

Der Forscher und Reiseschriftsteller
Alexander von Humboldt im Alter

»Wie aus einer neuen Welt«

Das Geheimnis der Eiskapelle – 200 Jahre nach
Alexander von Humboldt (1769–1859) ergründet

700 000 und mehr Menschen fahren jedes Jahr begeistert über den Königssee, sind von der alpinen Szenerie ebenso fasziniert wie von der perfekten, allzeit gleichen Dramaturgie. Wenn die vorspringende Falkensteinwand an der Stelle passiert ist, wo vor über 300 Jahren 70 Pilger aus dem Pinzgau gekentert und ertrunken waren, greift einer der beiden Schiffsführer zum Flügelhorn und bläst eine kurze Melodie in Richtung des Felsmassivs, das man Echowand nennt. Je nach Wetterlage hallen die Klänge ein- oder zweimal zurück. Um die Jahrhundertwende taten es zwei Pistolenschüsse, die legendäre Trompete aber tönt nur immer in Reiseberichten. Dann kommt auch schon die berüchtigte Watzmann-Ostwand in Sicht, welche bisher 98 Tote gefordert hat, und die Königsseefahrer hören aus dem Bordmikrophon: »Das ist die höchste Felswand der Ostalpen. Was Sie dahinten an ihrem Fuß sehen, der große weiße Fleck, das ist die Eiskapelle.«
Eine Kapelle im Eis oder aus Eis? Einige der drei- bis viertausend Touristen, die an einem durchschnittlichen Tag auf der Halbinsel St. Bartholomä landen, machen sich auf den Weg zu dem mysteriösen Winkel, die meisten kehren aber im Hochwald oder spätestens im Geröll eines Wildbaches und der Steinlawinen aus der Wand wieder um.
Schon mehr als 200 Jahre ist es jetzt her, dass der Naturforscher, Globetrotter und Reiseschriftsteller Alexander von Humboldt diesen weißen Fleck erkundet und der gebildeten Welt bekanntgemacht hat. Mit seinem Sextanten war der Berliner in der Gegend »vorzüglich beschäftigt«, denn »im

ganzen südlichen Theile von Baiern ist kein einziger Ort astronomisch fest«. Fehler in den Karten fand er insbesondere »bey Berchtoldsgaden, einem abgelegenen Thale am Fusse des Wazmann, wo freylich die Instrumente sich selten hin verirrt haben mögen«.

Auf der Suche nach der wissenschaftlichen Wahrheit ließ sich Humboldt am 28. November 1797 zusammen mit seinem Studienkollegen Leopold Freiherr von Buch, den er als den »größten Geognosten unserer Zeit« bezeichnete, mit der damals üblichen Gondel über den Königssee rudern. »Einer der schönsten Ausschnitte der Schöpfung«, so soll er den felsumrahmten Fjord später gepriesen haben – ein Zitat, das freilich ebenso wenig nachweisbar ist wie der angebliche Ausspruch: »Ich halte die Gegend von Salzburg/Berchtesgaden, Neapel und Konstantinopel für die schönsten der Welt.«

Auf jeden Fall waren die beiden Forscher, trotz des »nie ganz windstillen Wetters«, wohlbehalten auf der Halbinsel angekommen, die damals schon das alsbald von namhaften Künstlern gemalte und heute so viel besuchte und fotografierte Ensemble schmückte: die 1134 geweihte, im frühen 18. Jahrhundert zu einem Rundbau mit Zwiebelkuppel erweiterte Wallfahrtskirche und das aus dem 15. Jahrhundert stammende Jagdschloss, wo Fürstpröpste und Könige einst kampierten und heute die Massen abgespeist werden, dazu Fischerhaus und Schiffshütte.

Die Forscher folgten einem der kleinen Täler bis zum Fuß des Watzmann. »Hier in einem Winkel zwischen den abgeschnittenen zwey- und dreytausend Fuss hohen Felsen rinnt der Bach dieses Thals aus einem prächtigen Eisgewölbe hervor, dass der Witterung trotzend sich immerwährend erhält«, berichteten sie über ihre »geognostischen Beobachtungen«. Und weiter: »Ein dämmerndes Licht erhellte das Innere; tropfen und stromweis kamen Bäche von der

hohen Decke herab, aus kleinen Oeffnungen in milchweis-
sem, grossmuschlichem, durchscheinendem opalähnlichem
Eise.« Sie gingen 600 Fuß hinein, das wären 174 Meter.

»Eiskapelle« – so nannte der Volksmund dieses Naturphä-
nomen seit urdenklichen Zeiten. Wissenschaftler indes dis-
kutieren seit hundert Jahren, ob es als Gletscher oder als
Schneefeld entstanden sei. Und immer wieder wollen es
auch Wanderer genau wissen. Die 3,5 Kilometer lange Weg-
strecke mit über 200 Meter Höhenunterschied ist markiert,
empfiehlt sich aber nicht für Halbschuhtouristen. Rechts
am Biergarten vorbei erreichen sie nach 20 Minuten tatsächlich eine Kapelle. Diese stammt aus dem Jahr 1617 und ist
den römischen Märtyrern Johannes und Paulus gewidmet.
Dann folgen ein alter Mischwald aus Buchen, Fichten, Tan-
nen, Lärchen und Bergahorn, ein Bergsturzgebiet voller
Steine und Grus, wo Weiden und andere Pionierpflanzen
wuchern, und nach einer guten Gehstunde ein Berg aus
Schnee, firnig-grau: die Eiskapelle.

Weiter lassen sich die Spuren von Humboldt und Buch nicht
verfolgen. Gewaltige Felsstürze haben die große Halle ein-
brechen lassen. Ringförmige Moränengebilde, an denen
sich immerhin das Werden der voralpinen Landschaft nach
der letzten Eiszeit studieren lässt, und das nur im Winter
nachlassende Schmelzwasser, das immer wieder kleine
Gewölbe im Inneren der 60 Meter hohen, gepressten
Schneemassen formt, erschweren obendrein die Annäherung. Man könnte auf die Idee kommen, den Eisberg zu
besteigen. Das haben vor 13 Jahren sechs Jugendliche getan:
Sie brachen ein, wurden gerettet, einer starb. Jetzt warnen
Schilder dort, wo sich der Weg zu einem breiten Kiesbett
weitet: »Schneefelder unterspült. Betreten Lebensgefahr!«
So werden die Wanderer nun nicht mehr wahrnehmen, was
die beiden Wissenschaftler vor 200 Jahren in der Höhle sahen und geradezu dichterisch berichteten:

151

»Das Licht verschwand fast; in der Ferne erschien ein helleres, neues, und im Hintergrunde, der steilen Wand des Felsens gegenüber, hob sich das Eis zur hohe gewölbten Kuppel herauf, in der, durch eine Oeffnung das Licht hereinfiel, und der Bach als prächtiger Wasserfall von oben herab gegen 200 Fuss hoch. Mannigfaltig war dieser, wie aus einer neuen Welt erscheinender Lichtstrahl, an den glänzenden Eisflächen gebrochen...«

Erlebnisreich ist dieser Standort allemal, befindet man sich doch genau unter der 1800 Meter hohen Ostwand des mit 2713 Metern zweithöchsten deutschen Berges. Bei gutem Wetter sind zahlreiche Kletterer in den verschiedenen Aufstiegsrouten zu beobachten. Für sie ist die Eiskapelle der Startplatz, vergleichbar der Märchenwiese am Nanga Parbat. Mit den ersten Sonnenstrahlen steigen sie auf, um ihr hohes Ziel ohne Biwak zu erreichen. »Wenn plötzlich die Säulen der Watzmannkinder aufleuchten und wie Fackeln am Morgenhimmel glühen, so offenbart sich ein Anblick von überwältigender Schönheit«, so schwärmte der bergsteigende Schriftsteller Wilhelm von Frerichs im Jahr 1900.
Erst 1996 ist das geheimnisvolle Gletscherhöhlensystem genauer untersucht worden. Es handle sich, ist im Nationalpark-Forschungsbericht Nr. 14 nachzulesen, um »die tiefst gelegene perennierende (dauerhafte) Ansammlung von Schnee und Eis im deutschen Alpenanteil«. Andreas Wolf, der mit Höhlenforschern »eingefahren« war, führt den weißen Fleck zurück auf die gewaltigen Massen von Lawinen, die vom Watzmann herabstürzen, sowie auf die geringe extraterrestrische Strahlung. Was schon Humboldt und Buch erkannt hatten: Die Eishöhle liege zwar »an der

Südseite des Berges, aber zwischen den hohen Mauern so eingeengt, daß bis dahin nur wenige zerstörende Sonnenstrahlen auf kurze Zeit eindringen können«. Immerhin konnte jetzt endlich die gesamte Ganglänge gemessen werden: 437 Meter sind es mit allen Verästelungen. Eine verborgene Welt im Eis.

Auch im Ortskern lässt sich eine Spur des weltreisenden und schreibenden Forschers Alexander von Humboldt finden. Sechs Tage lang logierte er 1797 auf Schloss Adelsheim, »etwas westlich von der Domkirche zu Berchtoldsgaden«. Der letzte Besitzer, eine Münchner Immobiliengesellschaft, hatte diesen Profanbau aus der fürstpröpstlichen Zeit völlig herunterkommen lassen, um ihn unter Umgehung des Denkmalschutzes abreißen und ein fünfstöckiges Appartmenthotel hochziehen zu können. 1963 erwarb der Landkreis das Spätrenaisssanceschlösschen, seit 1968 ist es Heimatmuseum.

Und hier ist nun die wunderschöne »Berchtesgadner War« zu bestaunen: bunte Spanschachteln, Kinderspielsachen und vielerlei andere gedrechselte oder geschnitzte Holzprodukte. Eine lebendig gebliebene Handwerkstradition, die schon ein Zeitgenosse Humboldts, Franz Friedrich von Spaur, anno 1800 in seiner »Reise durch Oberdeutschland, vorzüglich dessen Gebürgsgegenden« in hohen Tönen gerühmt hatte: »Alle die kleinen Kunstwerke, womit die Kinder in Europa spielen und die auch in andere Weltheile verführt werden, werden in Berchtesgaden verfertigt.« Nur damit konnten die Bauern inmitten der hohen Berge ihren Lebensunterhalt sichern, und dem empfindsamen Reiseschriftsteller von damals blieb nicht verborgen, »wie mühseelig und kümmerlich dieses arme Völkchen seine Lebenstage verseufzen muß«.

Das allerdings hat der blühende Berchtesgadener Fremdenverkehr inzwischen gründlich verändert.

Informationen:

Nationalparkverwaltung Berchtesgaden, Doktorberg 6, 83471 Berchtesgaden, Tel. 0 86 52/9 68 60, Fax: –/96 86 40; Kurdirektion, Königsseestraße 2, 83471 Berchtesgaden, Tel. 0 86 52/72 25, Fax –/78 95; Nationalparkhaus Berchtesgaden, Maximilianstraße (hier beginnt auch ein historischer Rundgang).

Literaturhinweise:

Georg Meister: »Nationalpark Berchtesgaden« (Kindler Verlag); Forschungsbericht Nr. 14, herausgegeben von der Nationalparkverwaltung.
Allgemeine touristische Hinweise finden sich in Heinrich Bauregger: Wanderführer Berchtesgadener Land (Bergverlag Rother); Herbert Schindler: »Berchtesgadener Land und Rupertiwinkel« (Prestel Verlag); »Landschaftsführer Berchtesgadener Land« (DuMont).

Namensregister

Ortsregister

Die Deutsche Bibliothek – CIP-Einheitsaufnahme

Stankiewitz, Karl
Sieben Wochen meines Lebens war ich reich : 20 literarische Wanderungen in
Oberbayern / Karl Stankiewitz. – München ; Wien ; Zürich : BLV, 1999
ISBN 3-405-15691-2

Bildnachweis

Bayerischer Rundfunk: S. 122
Bayerisches Staatsbad Bad Steben: S. 148
Bayerische Verwaltung der staatlichen Schlösser, Gärten und Seen: S. 136
Kurverwaltung Berchtesgaden: S. 8
Conti-Press: S. 142
Illus Bilderdienst S. 42, 134
Stefan Moses: S. 26
Schlossmuseum Murnau: S. 12, 16
Monacensia. Literaturarchiv: S. 70
Schiller-Nationalmuseum Marbach: S. 38
Karl Stankiewitz: S. 58, 94, 116
Thomas Stankiewicz: S. 52, 64, 90, 98
Bilderdienst Süddeutscher Verlag: S. 32, 74, 82, 86, 130

Autor und Verlag bedanken sich bei allen Zitatgebern und Rechteinhabern, die
Abbildungen zur Verfügung gestellt haben. Trotz intensiver Bemühungen konnten
nicht für alle Bilder die Rechteinhaber ermittelt werden. Bei eventuell bestehenden
Ansprüchen werden diese gebeten, sich an den Verlag zu wenden.

Diesem Buch liegt die seit 1. August 1998 verbindliche Neuregelung der deutschen
Rechtschreibung zugrunde. Zitate wurden in der herkömmlichen bzw. historischen
Schreibweise belassen.

Umschlagfoto: Gabriele Münter: »See am Abend«, © VG Bild-Kunst, Bonn 1999
Umschlaggestaltung: Werbeagentur Joko Sander, München
Vorsatzkarte: Computerkartographie Carrle, München

Lektorat: Karin Steinbach

Layout, DTP und Herstellung: Manfred Sinicki

BLV Verlagsgesellschaft mbH
München Wien Zürich
80797 München

© 1999 BLV Verlagsgesellschaft mbH, München

Gesamtherstellung: Druckerei Auer, Donauwörth
Gedruckt auf chlorfrei gebleichtem Papier
Printed in Germany · ISBN 3-405-15691-2

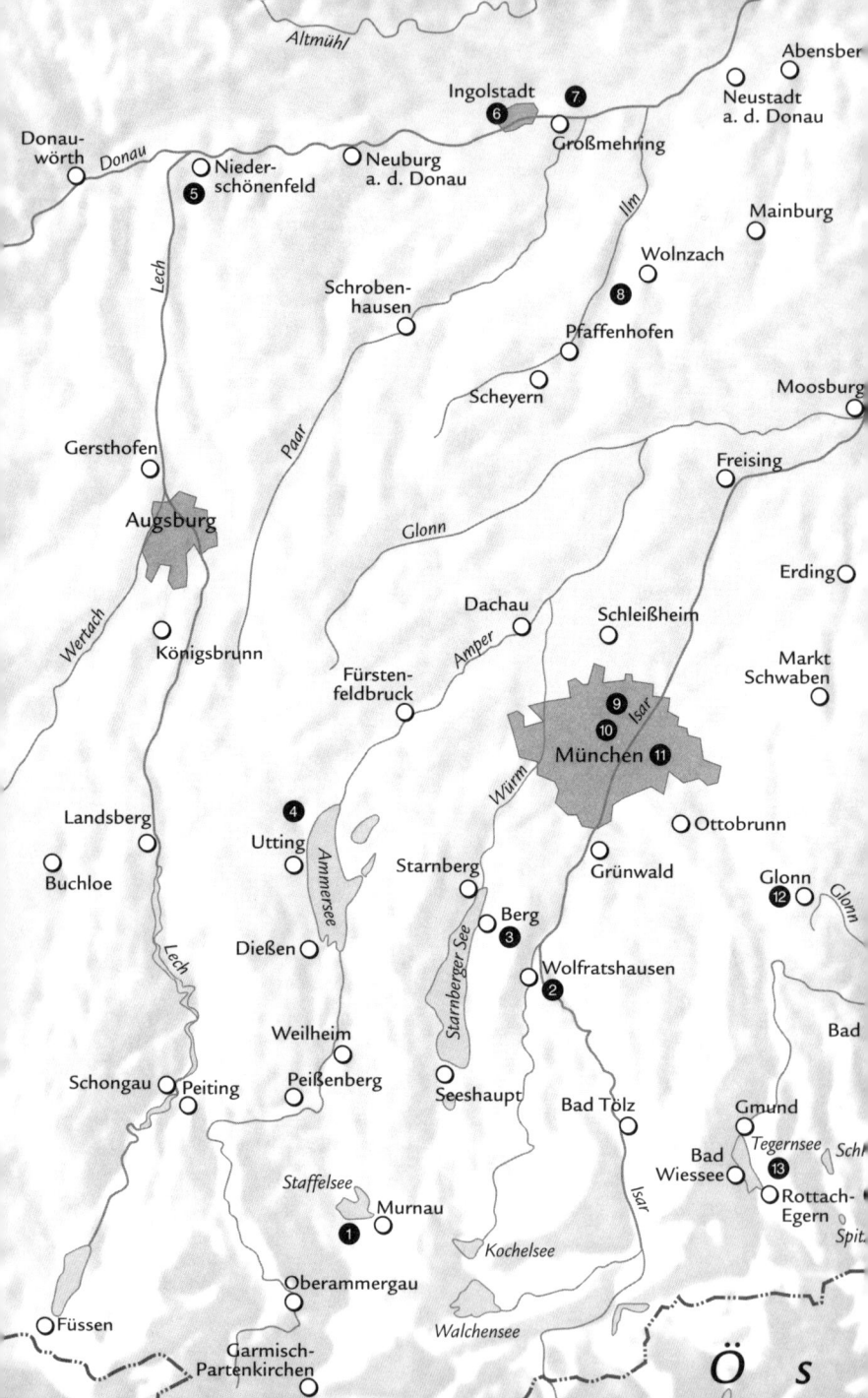

Unterwegs in den Bergen

Michael Pause
Münchner Hausberge
68 Genusstouren in den Gebieten
Bayerische Voralpen, Ammergauer
Alpen, Wetterstein, Karwendel,
Rofan, Kaisergebirge, Chiemgauer
Alpen – mit Kurz-Infos zu Touren-
charakter, Gehzeit, Eignung für
Kinder oder als Winterwanderung,
Hütten und Berggasthäusern.

Sepp Schnürer
Südtirol
Top-Information für alle Freunde
des Landes jenseits von Brenner
und Reschenpaß: einzigartiger
Bildband mit großformatigen Farbfotos und Informationen zu allen
landschaftlichen, geschichtlichen
und kulturellen Aspekten Südtirols.

Sepp Schnürer
Dolomiten
Die ganze Faszination der Dolomiten: repräsentativer Bildband
mit großformatigen Farbfotos,
zur Reise animierenden Beschreibungen und aktuellen Touristik-
informationen.